ERNST GISELBRECHT

ARCHITEKTUREN - ARCHITECTURES

PATRICIA ZACEK

# ERNST GISELBRECHT

**ARCHITEKTUREN - ARCHITECTURES**

Mit einer Einführung von / Introduction by

PETER BLUNDELL JONES

Birkhäuser   Basel · Berlin · Boston

# INHALT CONTENTS

**EINFÜHRUNG**
Ernst Giselbrecht und sein Beitrag zur Neuen Grazer Architektur
von Peter Blundell Jones

7 INTRODUCTION
Ernst Giselbrecht and his Contribution to the New Graz Architecture
by Peter Blundell Jones

**BAUEN HEISST UMFASSEN**
Zu den Bauwerken von Ernst Giselbrecht - ein gedanklicher Näherungsversuch

14 BUILDING MEANS ENCLOSING
On Ernst Giselbrecht's buildings - Towards an intellectual approach

**POETIK DES RAUMES**
Medienhaus der Vorarlberger Nachrichten in Schwarzach
Höhere Technische Bundeslehranstalt in Kaindorf
Florido Plaza in Wien

20 THE POETICS OF SPACE
22 Media Building for the Vorarlberger Nachrichten in Schwarzach
34 Higher Technical Federal School in Kaindorf
42 Florido Plaza in Vienna

**BILDSUBSTANZEN - BILDBESCHWÖRUNG - BILDSTÖRUNG**

Landesausstellung „Holzzeit" in Murau
Landesausstellung „Menschen, Münzen, Märkte" in Judenburg
Umbau Schloß Seggau
Bahnstation Kaindorf

48 PICTORIAL SUBSTANCE - PICTORIAL INVOCATION -
PICTORIAL DISTURBANCE

50 "Holzzeit" Regional Exhibition in Murau
56 "Menschen, Münzen, Märkte" Regional Exhibition in Judenburg
64 Conversion of Schloß Seggau
68 Kaindorf Railway Station

**TYPOLOGISCHE IDEENSKIZZEN**
Wohnbau ESG in Graz
Wohnhaus Huber in Bregenz
Mega-Baumax in Graz
HNO-Klinik Graz

74 TYPOLOGICAL IDEA SKETCHES
76 ESG Residential Building in Graz
82 Huber House in Bregenz
84 Mega-Baumax in Graz
88 ENT Clinic, Graz

**POLYMORPHES WEISS**
Wohnhaus Ruß in Lochau/Bodensee
Haus der Kärntner Ärzte in Klagenfurt
Volksschule Straß

94 POLYMORPHIC WHITE
96 Ruß House in Lochau/Bodensee
98 Kärnten Health Centre in Klagenfurt
104 Straß Primary School

**TEKTONISCHER BAUKASTEN**
Bürogebäude RSB-Rundstahlbau in Fußach
Wohnhaus Papst in Rein bei Graz
Wohnhaus Taucher in Graz
Landeskrankenhaus - Graz West

110 TECTONIC CONSTRUCTION KIT
112 RSB-Rundstahlbau Offices in Fußach
116 Papst House in Rein near Graz
118 Taucher House in Graz
120 District Hospital in Graz West

Biographie
Realisierungen
Einzelausstellungen
Mitarbeiter
Fotonachweis

124 Biography
125 Built Works
125 Exhibitions
126 Collaborators
126 Credits

ERNST GISELBRECHT

## und sein Beitrag zur Neuen Grazer Architektur
## and his Contribution to the New Graz Architecture

Peter Blundell Jones

Obgleich Ernst Giselbrecht in Vorarlberg geboren wurde, ist Graz – Österreichs zweitgrößte Stadt und Hauptstadt der Steiermark – seine kulturelle Heimat und der Ort, welcher seine Entwicklung als Architekt bestimmte. Sein Werk steht im Mittelpunkt einer in dieser Stadt während der letzten fünfzehn bis zwanzig Jahre entstandenen, erstaunlich fruchtbaren Architekturrichtung, die ich die Neue Grazer Architektur nennen will.[1] Diese Bewegung ist kein auf das Regionale beschränktes Phänomen, vielmehr das Ergebnis eines Aufeinandertreffens von Ideen aus dem internationalen Kontext, die sich plötzlich aufgrund besonders günstiger Umstände und Förderung in dieser Stadt konzentrierten. Graz ist der Schauplatz vieler anderer kultureller Bewegungen gewesen, etwa der Gestaltpsychologie um die Jahrhundertwende, von Jazz und moderner Literatur in den Nachkriegsjahren. Die Produktivität der Stadt als kulturelles Zentrum hat etwas mit ihrer Rivalität zur Hauptstadt Wien zu tun, wird aber auch von ihrer Lage am Schnittpunkt zwischen Mitteleuropa und dem Balkan sowie zwischen Italien und Ungarn bestimmt.

Der Grund für Giselbrechts Umzug nach Graz war die dortige Architekturabteilung der Technischen Universität – einer der wenigen Orte in Österreich, wo man dieses Fach studieren kann. Mit ihren 2400 Studienplätzen zieht sie Architekturstudenten in die Stadt; viele bleiben dort mindestens fünf Jahre nach dem Diplom, bis sie sich selbständig machen können, und regen dadurch das Architekturklima an. Der zündende Funke dieser neuen Bewegung entstand in den Entwurfsstudios der Hochschule, war aber nicht Bestandteil ihres offiziellen Programms und wurde in den entscheidenden Jahren auch nicht von deren Professoren weiterentwickelt.[2] Die sogenannte Studiorevolution vom Ende der sechziger Jahre war eher eine Abspaltungsbewegung; eine Gruppe von Studenten stellte ihre eigenen internationalen Verbindungen her, abonnierte ihre eigenen Zeitschriften, wie zum Beispiel Archigram, und erarbeitete ihre eigenen revolutionären Projekte. Obgleich sie von Professoren, etwa von Hubert Hoffmann, Zustimmung und Förderung erfuhren, ging der Impetus für diese Arbeit von ihnen selbst aus, wie dies ihre gemeinschaftliche Veröffentlichung in Bau von 1969 sehr deutlich darstellt.[3]

Zu dieser Gruppe von Diplomanden gehörten Bernhard Hafner, Konrad Frey, Michael Szyszkowitz (später Szyszkowitz/Kowalski), Helmut Richter, Heidulf Gerngross und Manfred Kovatsch. Gemeinsam mit den etwas älteren Günther Domenig und Eilfried Huth bildeten sie die erste Generation der Neuen Grazer Schule. Ihnen folgte sehr bald die nächste Generation mit zwei der bekanntesten Grazer Architekten: Klaus Kada und Volker Giencke. Ernst Giselbrecht gehört mit Hermann Eisenköck und Manfred Zernig zur dritten Generation.

Although Ernst Giselbrecht was born in Vorarlberg, his cultural home and place of development as an architect has been Graz, Austria's second largest city and the capital of Styria. His work lies at the centre of a surprisingly fertile architectural movement in that city during the last fifteen or twenty years, which I shall call the New Graz Architecture.[1] This movement has not been a narrow regionalist phenomenon, but rather a distillation of ideas from the international context which came to a sudden focus in the city, aided by very favourable local conditions of patronage. Graz has been the host to many other cultural movements, for example gestalt studies at the turn of the century, jazz and modern literature in the post-war years. The city's fertility as a cultural centre has something to do with its rivalry with Vienna, but is also spurred on by its role as crossroads between central Europe and the Balkans, and between Italy and Hungary. Giselbrecht's reason for moving to Graz was the architectural school at the Technical University, one of the few places where one can study architecture in Austria. With its 2400 student places, the school attracts young architects to the city, and many of them stay there at least for their five year post-graduate probationary period, so it stimulates architectural life. The initial spark of the new movement erupted within its drawing-studios, but was not part of the official programme of the school, nor in the crucial years was it driven by the school's professors.[2] The so-called studio revolution of the late 1960s was rather a secessionist move: a group of students creating their own international links, sharing their own subscription to magazines such as Archigram, and working up their own revolutionary projects. Although they enjoyed the approval and encouragement of professors such as Hubert Hoffmann, the impetus of the work was self-generated, as their group publication in Bau of 1969 makes very evident.[3]

This group of graduating students included Bernhard Hafner, Konrad Frey, Michael Szyszkowitz (later of Szyszkowitz/Kowalski), Helmut Richter, Heidulf Gerngross and Manfred Kovatsch. Together with the slightly older Günther Domenig and Eilfred Huth, they made up the first generation of the New Graz Architecture. Following quickly on their heels was a next generation which included two of the best known Graz architects: Klaus Kada and Volker Giencke. Ernst Giselbrecht belongs, along with Hermann Eisenköck and Manfred Zernig, to a third generation. Because of the developing cultural situation these waves of architects have had very different experiences, in terms both of inspiration, and the availability of work. The first generation, finding Graz in their time sleepy and provincial, sought ideas from the outside world. After graduating, they went abroad to work and teach before returning to build in Graz and to spread

Aufgrund der in Entwicklung begriffenen kulturellen Situation hatten diese aufeinanderfolgenden Architektengenerationen sehr unterschiedliche Erfahrungen im Hinblick auf Vorbilder und den Erhalt von Aufträgen. Die erste Generation, von der Graz zu ihrer Zeit als schläfrig und provinziell empfunden wurde, suchte ihre Ideen außerhalb. Nach Abschluß ihrer Studien arbeitete und lehrte sie im Ausland, ehe sie zurückkehrte und in Graz baute und ihre Ansichten verbreitete.[4] Zu der Zeit beendete Giselbrechts Generation ihr Studium; die neue Richtung war bereits auf ihrem Höhepunkt, und es gab keine Notwendigkeit, Ideen aus dem Ausland zu importieren. Auch blühte das Geschäft, vor allem dank der Förderung durch den hierfür aufgeschlossenen Bezirkshauptmann der Steiermark, Josef Krainer, und seinen Architekturbeauftragten, Dr. Wolfdieter Dreibholz, der Wettbewerbe für alle öffentlichen Bauvorhaben und für alle großen Wohnbauprojekte ausschrieb.[5] Während also die erste Generation relativ wenig gebaut hatte und wirklich um Aufträge kämpfen mußte, also ihre Vorstellungen nur in Ideenwettbewerben oder bescheidenen Wohnhausprojekten erproben konnte, bot sich der dritten Generation eine Vielzahl von realen Möglichkeiten, vor allem aufgrund von Wettbewerben. Die meisten der größeren Aufträge Giselbrechts kamen auf diesem Wege zustande.

Die Hauptstadt Wien wird im allgemeinen als traditionell, konservativ und klassizistisch betrachtet; von Graz erwartet man dagegen einen gewissen wilden, rustikalen Provinzialismus, der durch seine lateinischen und balkanesischen Verbindungen dazu noch bukolisch sein soll. Daran mag sogar etwas Wahres sein; es rechtfertigt jedoch nicht die Vorstellung von einer Grazer Schule als einer wilden, „expressionistischen" Bewegung voll pulsierender Energie, aber fehlender Klarheit.[6] Dieses Bild könnte gegebenenfalls auf Domenigs am extremsten persönlich gefärbte Projekte wie sein Steinhaus zutreffen, aber gewiß nicht auf so einfühlsam und sorgfältig geplante Bauten wie das Krankenhaus in Bruck, das ebenfalls seinen Namen als Verfasser trägt.[7] Auch einige der frühen zoomorphen Kreationen von Szyszkowitz/Kowalski erscheinen „wild" und persönlich, erweisen sich jedoch bei genauerer Prüfung als großartig geplant und gut gebaut, während ihre späteren Werke recht zurückhaltend sein können. Klaus Kadas Bauten wirken in ihrer streng konstruktiven Disziplin häufig eher „rationalistisch" denn „expressionistisch", und auch die Gebäude von Volker Giencke können diesen Eindruck hervorrufen, selbst wenn sie ein anderes Mal als die expressionistischsten von allen erscheinen.[8] Die Grazer Bauszene zeigt also eine enorme Vielfalt der Richtungen, und einige Zeitgenossen von Giselbrecht verfolgen sogar einen reinen Minimalismus, der bewußt anti-überschwenglich ist.[9] So kann man vernünftigerweise nicht von einer „Schule" sprechen, nicht einmal von zweien oder dreien. Aufschlußreicher ist vielleicht das Fehlen bestimmter, anderswo in den achtziger und neunziger Jahren sehr offenkundiger Tendenzen: In Graz gab es keinen Neoklassizismus und kaum eine Postmoderne, mit Ausnahme jener auf dem banalsten kommerziellen Niveau.

Die Gefahr oberflächlicher stilistischer Einordnung nach vermeintlichen „Einflüssen" zeigt sich besonders im Falle Giselbrecht. Beim Anblick der technischen Klarheit und gerasterten Grundrisse seiner weißen Bauten würde jeder mit der Grazer Szene Vertraute vermuten, daß er sich nach dem Diplom bei Kada weitergebildet habe, er arbeitete jedoch vier Jahre im Büro von Michael Szyszkowitz und Karla Kowalski, bis er sich selbständig machte. Wie auch andere Mitarbeiter dieses Büros betrachtete er diese Zeit als hervorragende Ausbildung, denn Szyszkowitz/Kowalski räumen ihren Angestellten höchste Verantwortung bei der Durchführung eines Projekts ein – auch wenn sie selbst den Vorentwurf machen – und behalten es ständig im Auge. Wenn ein Architekt wie Giselbrecht dort formbildende Jahre verbringen konnte,

the word.[4] By the time Giselbrecht's generation came to graduate, the new movement was already in full spate and there was no need to seek ideas abroad. Also job opportunities blossomed, thanks mainly to the enlightened patronage of the Governor of Styria Josef Krainer and his Director of Architecture Dr. Wolfdieter Dreibholz, who set up competition systems for all public buildings and for all large housing projects.[5] So while the first generation had built relatively little, and indeed struggled for jobs, exploring their ideas in ideas competitions or humble domestic projects, the third generation found an abundance of real possibilities mainly through competitions. Most of Giselbrecht's larger commissions were won that way.

The capital Vienna is seen as traditional, conservative, and classical, but Graz in contrast is supposed to exhibit a certain wild, rustic provincialism, made all the more bucolic by its Latin and Balkan connections. There may be some underlying truth here, but it does not justify the notion of a Grazer Schule as a wild "expressionist" movement full of pulsating energy but lacking rigour.[6] This picture has some appeal applied to Domenig at his personal extreme in projects like his Steinhaus, but certainly does not fit such sensible and carefully planned buildings as the hospital at Bruck which also bears his name.[7] Again, some of the early zoomorphic creations of Szyszkowitz/Kowalski appear "wild" and personal but turn out on examination to be ingeniously conceived and well-built, while their later work can be quite restrained. Klaus Kada's work with its strong constructive discipline often seems more "rationalist" than "expressionist", and Volker Giencke's too can give this impression, even if at other times it seems the most "expressionist" of all.[8] Graz work thus shows enormous variety of direction, and some contemporaries of Giselbrecht even pursue a stark minimalism which is consciously anti-exuberant.[9] Thus one cannot reasonably talk of a "Schule", even two or three "Schulen". Perhaps more telling is the lack of certain tendencies strongly evident elsewhere in the 1980s and 90s: in Graz there was no classical revival, and there has been hardly any Post-modernism except at the most banal commercial level.

The danger of glib stylistic labelling according to supposed "influence" is well demonstrated by Giselbrecht's case. Looking at the technical sobriety and gridded plans of his white buildings, anyone conversant with the Graz scene would assume that he received his postgraduate training under Kada, yet it was rather in the office of Michael Szyszkowitz and Karla Kowalski that he worked for four years prior to setting up on his own. Like others who passed through that office, he found it an excellent training, for Szyszkowitz/Kowalski give their assistants primary responsibility in supervising a project right through, even if they do make the initial design and keep a close eye on it. If an architect like Giselbrecht could spend formative years there without adopting their style, this surely implies that many aspects of their work and modus operandi are more deeply founded than superficial stylistic identification tends to reveal.

The Architect as Engineer

At least as important to the development of Giselbrecht's sensibility as an architect was his training, before he entered architecture, as a mechanical engineer. This has certainly influenced him towards a precise systematic design approach involving close tolerances and component assembly, and to a concern with efficient, well-executed and visible detail. It has helped make him a master of cladding and glazing methods, and has also made him more ready and confident than most architects to embrace complex mechanical servicing such as heat-exchange systems and motorised solar control used both in the Technical College at Kaindorf and the Media Centre at Bregenz. But more profoundly, it has also left him with a taste for a type of architectural expression

ohne ihren Stil zu übernehmen, bedeutet dies zweifellos, daß viele Aspekte ihrer Arbeit und ihres modus operandi tiefer gegründet sind, als es eine oberflächliche stilistische Identifikation verraten könnte.

Der Architekt als Ingenieur
Zumindest ebenso wichtig für die Entwicklung von Giselbrechts Architekturverständnis war seine Ausbildung als Maschinenbauingenieur, die er vor dem Studium der Architektur absolvierte. Dies hat ihn zweifelsohne zu einem präzisen, systematischen Vorgehen bei der Planung geführt, was auch die exakte Einhaltung von Toleranzen und die genaue Montage von Elementen einschließt, sowie das Bemühen um effiziente, gut ausgeführte und saubere Details. Es hat dazu beigetragen, daß er sich zu einem Meister der Verkleidungs- und Verglasungstechniken entwickelte, und es hat ihn auch offener und empfänglicher als andere Architekten für die Übernahme komplexer technischer Ausstattung gemacht, wie zum Beispiel von Wärmeaustauschsystemen und motorisierten Solaranlagen, die er sowohl bei der Höheren Technischen Lehranstalt in Kaindorf als auch beim Medienhaus der Vorarlberger Nachrichten in Bregenz anwendete. Aber was noch tiefgreifender war: Die Ausbildung zum Maschinenbauingenieur hat ihm die Vorliebe für einen Typ des architektonischen Ausdrucks vermittelt, der sich von der Logik der Konstruktion ableitet. Gelegentlich hat Giselbrecht diesen konstruktiven Rationalismus bewußt für erzieherische Zwecke genutzt, etwa bei der intellektuell anspruchsvollen Dachgeometrie der Berufsschule des Zimmereihandwerks in Murau, die den Schülern ein gebautes Vorbild liefert, oder bei der Gebäudetechnik der Höheren Technischen Lehranstalt in Kaindorf, die in Form sichtbar aufeinanderfolgender Schichten geplant ist.

Dieser rationalistische Aspekt im Werk Giselbrechts könnte als High-Tech bezeichnet und mit anderen europäischen Hochtechnologiebauten verglichen werden; er vermeidet jedoch erfolgreich eine Gefahr, die so viele Anhänger dieser Richtung in Verwirrung gebracht hat: die totalitäre Natur des Systems. Nur allzuoft sind bei der High-Tech-Architektur alle anderen potentiellen architektonischen Anforderungen negiert worden durch einen banalen und eintönigen Grundriß zugunsten von einem oder zwei eleganten Details. Bei Giselbrecht – und der Neuen Grazer Architektur ganz allgemein – wird diese Gefahr vermieden, und zwar aufgrund von zwei charakteristischen Merkmalen der Richtung, die im Ansatz spezifistisch und nicht generalistisch sind und, im Gegensatz zum Rationalismus, auf die organische Architektur der frühen Moderne zurückgreifen.[10]

Das erste dieser Merkmale ist die Erkenntnis, daß, selbst wenn ein repetitives System aus Gründen der Wirtschaftlichkeit und leichteren Ausführung angewendet werden muß, es die regelwidrigen und ausgefallenen Teile sind, die über den Charakter und die Identität eines Gebäudes entscheiden. Mit anderen Worten: Das System der wiederholbaren Elemente, welches einst im Zentrum der Aufmerksamkeit stand, kann jetzt als selbstverständlich vorausgesetzt werden und erlaubt deren Abwendung von der Regel hin zu den Ausnahmen. Das Medienhaus in Bregenz zum Beispiel ist im wesentlichen der lineare Typ eines Bürotrakts in regelmäßigen Feldern mit flexiblen Trennwänden und identischer Fenstergestaltung – ein vollkommen rationalistisches Konzept. Das allein ist es aber nicht, was das Gebäude einprägsam macht. Für seinen architektonischen Charakter bestimmend ist die vordere Querfassade mit ihrer großen, dreigeschossigen Eingangshalle, der repräsentativen Treppe, der schwungvoll gekrümmten Glaswand und des sie erschließenden Vorbaus. Sie ist nicht nur optisch aufregend; sie ist das soziale Zentrum, das sichtbar auf verschiedenen Ebenen die Konferenzsuite, die Büros und die Perso-

derived from the logic of construction: a precise machine-based type of construction. At times this constructive rationalism has been consciously pursued for educational purposes, as for example in the intellectually demanding roof geometry of the Carpenter's School at Murau which offers the students a built exemplar, or the servicing of the Technical College in Kaindorf, conceived as a series of visibly imposed layers.

This rationalist aspect of Giselbrecht's work might be called High-tech, comparable with High-tech work elsewhere in Europe, but it does not fall into the trap that has bedevilled so much of that movement: the totalitarian nature of the system. So often in High-tech architecture all other potential architectural responses have been negated by a banal and repetitive plan for the sake of an elegant detail or two. With Giselbrecht, and with the New Graz Architecture more generally, this danger is avoided, because of two characteristics of the movement which are specificist as opposed to generalist in intention, harking back to the Organic stream in the early modern movement as opposed to the Rationalist stream.[10]

The first is an awareness that even if a repetitive system needs to be adopted for the sake of economy and convenience of execution, it is the irregular and exceptional parts that are most crucial to the building's character and identity. To put it another way, the repetitive component system that was once the primary focus of attention can now be taken for granted, letting attention shift from the rule to the exceptions. For example, most of the Media Centre in Bregenz is a linear type of office tract in regular bays with flexible partitioning and identical fenestration, a completely rationalist conception, but this is not at all what makes the building memorable. The main source of its architectural character is the front end with its great three-storey entrance hall, running stair, and the sweeping curved glass wall and portico leading into it. This is not only visually exciting, it is the social centre, linking visually on different levels the conference suite, main office, and staff restaurant. More generally one finds with Giselbrecht, as with Klaus Kada who undoubtedly influenced him, a concern for the treatment of ends and middles, for breaks and changes of angle – for discontinuities rather than the continuity of the system. This is in marked contrast with early modernist rationalism which saw infinite extendibility as a virtue, and with the "megastructure" which took this idea to its logical conclusion.[11]

Spirit of Place
The second specificist as opposed to generalist characteristic of the New Graz Architecture is an intense consciousness of place, including a readiness to adopt irregular and asymmetrical forms when the site prompts them. In the case of the Carpenters' School at Murau, for example, the main element is the toplit rectangular hall designed largely according to its internal requirements. This is related to the site by means of lower projections treated as separate satellite structures, which give an almost domestic scale to the parts facing the town. They have their own roofs and white cladding panels instead of the weatherboard of the main halls. The taper of the site produced by the skewed alignment of the street to the south is picked up and dramatised in the front building, which becomes in plan fully triangular, its roof extended leftward to develop the full drama of the apex. Seen end-on, it seems almost to dissolve away in favour of the more substantial hall behind, but the two are separated by a narrow gap with a lower roof and a door into the end of the entrance hall. The skew is the key gesture in relating the building to its site, for it breaks a symmetry which would otherwise have proved too insistent, and introduces an ordering to challenge the strict rhythm of the main hall.[12] Skews in plan are exploited similarly in other projects, notably the Technical College at Kaindorf where one crucial shift

nalkantine miteinander verbindet. Allgemeiner betrachtet, widmet Giselbrecht, ebenso wie Klaus Kada, der ihn zweifellos beeinflußt hat, besondere Aufmerksamkeit der Behandlung von End- und Mittelteilen, dem Brechen und Verändern von Winkeln – der Diskontinuität des Systems anstelle seiner Kontinuität. Dies ist ein bezeichnender Unterschied zum Rationalismus der frühen Moderne, der die unendliche Erweiterbarkeit als Vorzug betrachtete, und zur „Megastruktur", welche diese Idee zu ihrem logischen Abschluß führte.[11]

**Der Geist des Ortes**
Das zweite spezielle im Gegensatz zum generalistischen Charakteristikum der Neuen Grazer Architektur ist ein intensives Eingehen auf den Ort, einschließlich der Bereitschaft, ungewohnte und asymmetrische Formen zu verwenden, wenn das Baugelände es nahelegt. Im Falle der Zimmereischule in Murau zum Beispiel ist das Hauptgebäude die von oben belichtete rechteckige, weitgehend nach den internen Bedürfnissen gestaltete Halle. Diese ist auf das Grundstück bezogen, indem die niedrigeren Vorsprünge wie separate Nebengebäude behandelt werden, die den zur Stadt orientierten Trakten einen fast wohnhausmäßigen Maßstab verleihen. Sie haben eigene Dächer und sind mit weißen Platten verkleidet anstelle der Holzverschalung der großen Hallen. Der Verengung des Geländes, hervorgerufen durch den schrägen Verlauf der südlich angrenzenden Straße, entspricht die ungewöhnliche Form des Vorderbaus, welcher im Grundriß ein Dreieck bildet und dessen Dach nach links verlängert wurde, um die ganze Dramatik des Scheitelpunkts zu entwickeln. Von vorn gesehen, scheint es sich angesichts der massiveren Halle dahinter beinahe aufzulösen; beide Trakte sind jedoch durch einen schmalen Spalt mit einem niedrigeren Dach und einer seitlichen Tür in die Eingangshalle verbunden. Die Abschrägung ist die entscheidende Geste in der Beziehung des Gebäudes auf das Grundstück, denn sie bricht mit einer Symmetrie, die anderenfalls zu nachdrücklich wäre, und führt eine Anordnung ein, die den strengen Rhythmus der großen Halle herausfordert.[12]

Von abgeschrägten Grundrissen wird in ähnlicher Weise auch bei anderen Projekten Gebrauch gemacht, vor allem bei der Höheren Technischen Lehranstalt in Kaindorf, wo eine entscheidende Winkelverschiebung zwischen den unterschiedlichen Trakten des Komplexes zur Gestaltung des Foyers als dynamischen Übergangsbereich führt.

Ein vielschichtigeres Beispiel ist das Haus der Kärntner Ärzte in Klagenfurt, dessen komplexe Geländeformation einer detaillierten Schilderung bedarf. Das Gebäude steht auf der Ostseite einer nördlichen Ausfallstraße von Klagenfurt nach St.Veit an einer Ecke in einer leichten Kurve. Hier grenzte die alte Mauer die Stadt von den Feldern ab; das Gebäude steht auf der Stelle eines alten Stadttors. Das vorherrschende Planungsraster folgt der Ostgrenze des Geländes und beläßt einen weitläufigen Freibereich an der St.Veiter Straße, wo der lineare Bürotrakt dem gekrümmten Eckgebäude Platz macht. Dieser bildet eine eindrucksvolle Geste, die von beiden Richtungen der ganzen Straße aus sichtbar ist; seine konkave Seite weist aber auch zurück in das Gebäude und erzeugt einen zusätzlichen Eindruck von Tiefe. Giselbrecht hat ein wirkungsvolles städtisches Wahrzeichen geschaffen, das, wie beabsichtigt, von den Vorbeifahrenden in Sekunden wahrgenommen wird; es ist aber ein gleichermaßen faszinierendes Bauwerk für Spaziergänger, welche die Subtilität seiner verschobenen Ebenen studieren können.

Dieses Beispiel kann zur Illustration eines weiteren wichtigen Charakteristikums von Giselbrechts Architektur dienen: des der Ablösung oder der Verwendung von Zwischenräumen. Dies ist wiederum ein Aspekt, den er mit

of angle between different wings of the complex is brought to bear on the foyer, creating a dynamic transitional space.

A more complex example is the House of Carinthian Physicians in Klagenfurt, whose complex site geometry must be described in some detail. The building stands on the east side of the main road leading northward from Klagenfurt to St Veit, at a corner and on a slight curve. This is where the old stone boundary wall divided the city from the fields, the building marking the site of an old gate. The dominant planning grid follows the eastern site boundary, leaving an expanding space fronting St Veiter Strasse where the linear office wing gives way to the curved corner block. This is a powerful gesture visible up and down the street, but its concave side also points back into the building, creating an added impression of depth. Giselbrecht has made an effective urban landmark which registers with passing drivers in seconds as he intended, but it is equally a fascinating building for lingering pedestrians, who can begin to study the subtlety of its shifting planes.

This example can serve to illustrate another important characteristic of Giselbrecht's architecture: disengagement or the use of gaps. This is again something shared with other Graz architects, particularly Kada. The curved corner block is disengaged from the rest of the building and its back wall is skewed, creating gaps in the front and end which are linked on the ground floor by the open passage already described. The gap on the west side occurs directly opposite the main staircase, and is made more prominent by being open two clear storeys under the linking balconies. The open north end reveals the ends of office passages protected by a three storey glass block wall which continues inside, the interior made external. The gaps dramatise the separation of elements and define circulation routes between them. They also define points of entry and allow daylight into the centre of the building.

To sum up, consideration of the site blends seamlessly into consideration of the programme and the relative importance of its constituent parts. Detail adds further to this ordering scheme. For example, the drama of the curved wall is increased by a special silicone-jointed curtain wall in continuous glass, fritted around the openings, the white ceramic coating on its back face gaining a greenish tinge in contrast with the pure white enamelled steel panels elsewhere. The coating makes the glass opaque over mullions and partitions, and also articulates the arrangement of the accommodation. First floor offices and the third floor clinic have limited window areas picked out within the white background, while the second floor boardroom glazing runs full height.

**Daylight**
Again like many of his contemporaries in the Graz movement, Giselbrecht tries to introduce daylight into as many parts of a building as possible, and in contrasting ways. Here again he follows the Organic modernist tradition as defined by leading figures such as Alvar Aalto and Hans Scharoun. The whole effort that went into the roof of the Murau Carpenters' Hall, for example, is obviously dependent on this idea, and it comes at a time when most buildings of this kind depend predominantly if not totally on artificial light. Electric light is more predictable, but this very predictability and constancy is also what makes it dull and insipid, not to mention the energy consumption or the difficulty of balanced colour rendering with flourescents. Its psychological effect is most marked in windowless buildings, which are depressing because people cannot see whether it is summer or winter, night or day. These merely represent the extreme case: offices with distant windows in which an artificial environment dominates are still relatively depressing. To abandon the outside world for such a setting on a bright summer morning is a deprivation.

anderen Grazer Architekten, vor allem mit Kada, gemeinsam hat. Der gekrümmte Ecktrakt ist vom restlichen Gebäude getrennt, seine Rückwand abgeschrägt und bildet vorn sowie an den Seiten Zwischenräume, die im Erdgeschoß durch die bereits beschriebene offene Passage miteinander verbunden sind. Die Lücke auf der Westseite liegt direkt gegenüber dem großen Treppenhaus und wird hervorgehoben, indem sie unter den Verbindungsbrücken zwei ganze Geschosse hoch offen ist. An der offenen Nordseite sind die Enden der von einer dreigeschossigen Wand aus Glasbausteinen geschützten Büropassagen zu erkennen, die innen weitergeführt werden und das Innere zum Außenraum machen. Die Zwischenräume dramatisieren die Trennung der Elemente und heben die sie verbindenden Verkehrswege hervor. Sie betonen auch die Eingangspunkte und lassen Tageslicht in das Zentrum des Gebäudes ein.

Um es zusammenzufassen: Die Berücksichtigung des Geländes verbindet sich nahtlos mit der Berücksichtigung der Bauaufgabe und der entsprechenden Bedeutung ihrer konstituierenden Teile. Die Detailgestaltung betont darüber hinaus dieses Ordnungssystem. Zum Beispiel wird die Wirkung der gebogenen Wand durch einen speziellen siliconverfugten, nahtlosen Curtain-Wall aus Glas verstärkt, das um die Öffnungen gefrittet ist; die weiße Keramikbeschichtung an der Rückseite hat eine grünliche Tönung im Gegensatz zu den sonstigen rein weiß emaillierten Stahlplatten. Die Beschichtung macht das Glas über den Sprossen und Zwischenwänden opak und betont auch die innere Aufteilung. Die Büros im ersten Obergeschoß und die Klinik im dritten Stock haben bestimmte, aus dem weißen Hintergrund herausgehobene Fensterflächen, während die Verglasung des Sitzungssaals im zweiten Stock geschoßhoch ist.

### Tageslicht

Wie viele seiner Zeitgenossen der Grazer Schule versucht auch Giselbrecht, Tageslicht in möglichst viele Teile des Gebäudes und auf unterschiedliche Weise einzulassen. Hier wiederum folgt er der organischen Richtung der Moderne, wie sie von führenden Architekten wie Alvar Aalto und Hans Scharoun vertreten wurde. Giselbrechts ganzes Bemühen um das Dach der Zimmereischule in Murau beruht offensichtlich auf diesen Ideen, und das zu einer Zeit, da die meisten Gebäude dieser Art vorwiegend, wenn nicht sogar total, von künstlichem Licht abhängig sind. Elektrisches Licht ist kalkulierbarer, aber eben diese Kalkulierbarkeit und Beständigkeit machen es langweilig und fade, ganz abgesehen vom Energieverbrauch oder der Schwierigkeit, mit Leuchtstofflampen ausgewogene Farbeffekte zu erzielen. Der psychologische Effekt ist am bezeichnendsten in fensterlosen Bauten, die deprimieren, weil die Menschen nicht erkennen können, ob es draußen Sommer oder Winter, Tag oder Nacht ist. Diese bilden jedoch nur den Extremfall: Büros mit entfernten Fenstern, in denen eine künstliche Umwelt vorherrscht, sind immer noch relativ deprimierend. Die Außenwelt an einem strahlenden Sommermorgen zugunsten einer derartigen Atmosphäre auszuschließen, kommt einer Beraubung gleich.

Elektrisches Licht und mechanische Lüftung befreiten die Architekten von der schwierigen Aufgabe, jedem Raum natürliches Licht zuzuführen, was bis zum Ende des 19. Jahrhunderts allgemeine Praxis gewesen war. Die Begeisterung für meßbare Standards in den fünfziger und sechziger Jahren verstärkte darüber hinaus die Abhängigkeit vom künstlichen Licht. Weil es keine Notwendigkeit mehr bedeutete, wurde Tageslicht (und Sonnenlicht) zu einem Luxus, aber wegen seiner Unkalkulierbarkeit auch zu einem Risiko. Architekten wie Giselbrecht haben dem Verzicht darauf widerstanden und kontrastreichen Lichteinfall durch eine Vielzahl von Fenstern und Dachlichtern ebenso zuge-

Electric light and mechanical ventilation released architects from the burden of providing natural light to every room which had been standard practice up to the end of the 19th century. Enthusiasm for measurable standards in the 1950s and 60s further promoted dependence on artificial light. No longer a necessity, daylight (and sunlight) became a luxury, but also because of their unpredictability a threat. Architects like Giselbrecht have resisted their elimination, admitting contrasted light through a variety of windows and rooflights, and allowing the changing path of sunbeams to chart the progress of the day and of the seasons. The strong daylight in the Carpenters' Hall is both practical and inspiring, for rather than feeling shut in a box under rows of dismal flourescents as so often in this kind of building, one is made aware of the sky and the outside world. In the evening it works in reverse, the illuminated glass roof giving those outside a hint of activities within. Just as the Carpenters' Hall has its clerestoreys, so the sports hall at Kaindorf has northlights, and the main staircase at the House of Carinthian Physicians toplight, admitting a certain amount of sun to be reflected into the void below. Giselbrecht's offices and classrooms have large windows for side lighting, but he has developed motorised shuttering systems to prevent the glare becoming excessive.

### The Rhetoric of Roof

One further item common to architects of the Graz movement deserves mention: the rediscovery of the roof. For the early Modern Movement the flat roof was a non-roof, and the long established technical difference between roof and a wall was suppressed in a bid to abstract the building into a cubic form, showing neither tiles nor cornice. Le Corbusier's Villa Savoye is the classic example. The conservative opponents of Modernism in Germany revolted particularly against this loss of visible roof, and won their so-called Dächerkrieg when the Nazis imposed planning restrictions insisting that domestic roofs be done in the traditional steeply pitched manner.[13] In the German-speaking countries this has given traditional roofs political associations which persist, but even elsewhere they have continued more generally as a conservative symbol even though the technological imperatives have changed.

Aside from this debate, the abstraction of the roof removed one of the most powerful elements at the architect's disposal, an element with which he or she can add a sense of shelter to a building, create a skyline, and differentiate between the top floor and lower ones. Over the last twenty years a desire has arisen to recover these qualities of the roof without giving in to the conservative clamour for a gingerbread cottage image, and without using anachronistic technology. The result is a contemporary roof that uses large areas of metal sheet and need not have the steep fall formerly required by thatch, slates or tiles. Pitched even at a few degrees, it must present a rising section to some elevations, and it calls for some dialogue in the shaping of the plan, in contrast with the flat roof which remained neutral. It may also need a ridge, eaves or valley. Such a roof tends to be too shallow for the top side to be seen, but where it overhangs a wall, it may show its underside instead. It can also be inverted to take water away from its edge – the butterfly roof.

In an old town full of steeply pitched roofs, Giselbrecht's Carpenters' Hall at Murau participates in a surprisingly harmonious way, for despite the flatness there is no lack of expression of roof as a sheltering element. In distant views the central projecting rooflight acts as a roof-like figure, and the effect is doubled inside the building and at gable ends by the downward continuation of the supporting structure. From nearby the main roof is presented as an underside. Looking up, one sees the primary, secondary and tertiary timber structure supporting the roof decking.

lassen wie den wechselnden Gang der Sonnenstrahlen zur Aufzeichnung des Tages- und Jahreszeitenablaufs. Das helle Tageslicht in der Zimmereihalle ist praktisch und anregend zugleich, denn anstatt sich, wie so oft in derartigen Gebäuden, in einer Kiste unter Reihen von trostlosen Neonröhren eingeschlossen zu fühlen, kann man des Himmels und der Außenwelt gewahr werden. Am Abend funktioniert dies umgekehrt: Das erleuchtete Glasdach gibt den Außenstehenden einen Hinweis auf die darin stattfindenden Aktivitäten. Ebenso wie die Zimmereihalle ihre Gadenfenster hat, besitzt die Sporthalle in Kaindorf Nordfenster und das große Teppenhaus in dem Haus der Kärntner Ärzte Oberlicht, so daß ein bestimmtes Maß an Sonnenlicht in den Luftraum darunter reflektiert werden kann. Giselbrechts Büros und Unterrichtsräume haben große Fenster für seitliche Belichtung; er hat jedoch motorbetriebene Jalousiensysteme entwickelt, damit die Blendung nicht zu stark wird.

**Die Rhetorik des Daches**
Ein weiterer, den Architekten der Grazer Bewegung gemeinsamer Aspekt verdient Erwähnung: die Wiederentdeckung des Daches. Für die frühe Moderne war das Flachdach ein nicht vorhandenes Dach, und der seit langem bestehende technische Unterschied zwischen dem Dach und der Wand wurde abgeschafft, um das Gebäude in eine kubische Form ohne Beläge und Gesimse zu abstrahieren. Le Corbusiers Villa Savoye ist hierfür das klassische Beispiel. Die konservativen Gegner der Moderne in Deutschland revoltierten besonders gegen diesen Verlust eines sichtbaren Daches und gewannen den sogenannten „Dächerkrieg", als die Nationalsozialisten Planungsvorschriften erließen, die verlangten, daß Wohnhausdächer in der traditionellen steil geneigten Form gebaut wurden.[13] In den deutschsprachigen Ländern hat dies das traditionelle Dach mit politischen Assoziationen versehen, die immer noch andauern, aber selbst anderswo gelten sie noch im allgemeineren Sinne als konservatives Symbol, auch wenn die technologischen Imperative sich verändert haben.

Abgesehen von diesem Streit beraubte die Abstraktion des Daches die Architekten eines der wichtigsten Gestaltungselemente – eines Elements, mit dem sie einem Gebäude eine schützende Wirkung vermitteln, ein Profil bilden und zwischen Dachgeschoß und unteren Stockwerken differenzieren können. In den letzten zwanzig Jahren ist der Wunsch aufgetreten, diese Eigenschaften des Daches wiederzubeleben, ohne den lautstarken konservativen Foderungen nach einem Pfefferkuchenhaus-Image nachzugeben und ohne eine anachronistische Technologie anzuwenden. Das Ergebnis ist ein zeitgenössisches Dach mit großen metallverkleideten Bereichen und ohne die starke, früher für die Deckung mit Stroh, Schiefer oder Ziegeln benötigte Neigung. Selbst bei geringer Neigung muß es einen zu einer bestimmten Höhe aufsteigenden Teil haben, und es verlangt eine gewisse Auseinandersetzung mit der Gestaltung des Grundrisses – im Gegensatz zum Flachdach, das neutral blieb. Es kann also auch einen First, Traufen oder eine Kehle benötigen. Ein derartiges Dach ist häufig zu flach, als daß man die Oberseite sehen kann; aber dort, wo es über einer Wand auskragt, kann es statt dessen seine Unterseite zeigen. Es kann auch umgekehrt werden – zum Schmetterlingsdach –, um das Wasser von seiner Kante abzuleiten.

In einer alten Stadt voller Steildächer fügt sich Giselbrechts Zimmereihalle in erstaunlich harmonischer Weise ein, denn trotz der flachen Ausbildung ihres Daches mangelt es diesem nicht an Ausdruck als schützendes Element. Aus der Ferne wirkt das zentrale herausragende Oberlicht wie eine Dachfigur, und die Wirkung im Innern des Gebäudes und an den Giebelseiten wird durch die Abwärtsführung der tragenden Konstruktion verstärkt. Steht man dicht davor,

In the primary school at Straß, the roof is not flat but a low monopitch. The contrasting treatment of its ridge and eaves helps reinforce the sense of context. The west façade, which opens into the outdoor room of the square, is made welcoming by the projecting eaves, encouraging visitors to dally there. By contrast the east façade, with its projecting visor-like roof and sunblinds, is harder and more sheer, more unified and at an altogether larger scale. It contributes to the symbolic wall of the village, the boundary with the open farmland beyond, and it can be seen from afar.

In the housing at Straßgang the roof is effectively flat, but its overhang, especially at the ends, gives it a strong sheltering character. At Kaindorf too, the roofs are mostly flat, but that of the spine building projects on its own light structure to create a deep eaves. The roofscape is also enlivened by projecting rooflights facing north or east, and the sports-hall has a northlight sawtooth roof. The entrance of the Media Centre at Bregenz is dominated by the overhanging roof plate which comes through from the offices behind unbroken, supported by a giant order of columns to make a three storey portico. In contrast the tops of the low projections beneath and to the side are treated as conventionally flat cubic boxes.

Conclusion: Pan-European Consensus
Writing about Giselbrecht's House of the Carinthian Physicians and Rodolphe Luscher's radio station at Lausanne for the same issue of The Architectural Review, I found comparison inevitable, for similarities not only of approach but even of vocabulary were striking.[14] Luscher has a passing acquaintance with Graz work, but it would be wrong to conclude simply that influence passed in that direction, particularly as the Swiss building had been designed earlier than the Austrian one. What I think it does show is the extent to which architects are now exchanging ideas internationally through books and magazines, through participating in each other's countries' competitions, and through using high-tech components from an increasingly pan-European market. Giselbrecht and Luscher happen by development of sensibility to be interested in more or less the same architectural issues, and they partake of this common pool of information, so their works develop parallel features.

Beyond this parallel brought to my notice by chance, there are doubtless many other architects in Europe variously interested in the issues discussed above – in breaks within the system, in response to the geometry of a place, in day- and sunlight, in the rhetoric of roof, let alone in glass detailing and the management of solar gain. It may be that here, after the superficial Post-modernist games of the 1980s, we are witnessing the arrival in the late 90s of a new late modernist consensus that tempers the excessive Rationalism of the 1960s with the specificity of the Organic Tradition. This would be no cause for regret.

so wird das große Dach unterseitig präsentiert. Schaut man hinauf, so sieht man die hölzerne Primär-, Sekundär- und Tertiärkonstruktion, welche die Dachdeckung trägt.

Die Volksschule in Straß hat kein Flachdach, sondern ein flach geneigtes Pultdach. Die gegensätzliche Behandlung seines Firstes und der Traufen verstärkt den Bezug zum Kontext. Die sich zum Außenraum des Platzes öffnende Westfassade wird durch die überhängenden Traufen einladend gestaltet und fordert die Besucher auf, hier zu verweilen. Im Gegensatz dazu ist die Ostfassade mit ihrem überstehenden, schirmähnlichen Dach und ihren Sonnenschutzelementen härter und klarer, einheitlicher und insgesamt von größerem Maßstab. Sie bildet eine symbolische Dorfmauer, die Grenze zum freien Ackerland dahinter, und sie ist weithin sichtbar.

Bei der Wohnanlage in Straßgang ist das Dach wirklich flach, aber sein Überstand, besonders an den Seiten, verleiht ihm einen stark schützenden Charakter. Auch in Kaindorf sind die Dächer überwiegend flach, aber das des Achsengebäudes kragt über seine leichte Konstruktion aus und bildet tiefe Überhänge. Die Dachlandschaft wird auch durch herausragende, nach Norden und Osten orientierte Oberlichter belebt, und die Sporthalle hat ein nach Norden gerichtetes Sheddach. Der Eingang des Medienhauses in Bregenz wird von der überstehenden Dachplatte beherrscht, die ohne Unterbrechung von den dahinterliegenden Büros vorstößt und von einer Kolossalordnung von Stützen getragen wird, die einen drei Geschosse hohen Portiko bilden. Im Gegensatz dazu sind die Oberseiten der flachen Auskragungen darunter und seitlich konventionell wie flache kubische Kisten behandelt.

Schlußbemerkungen: Ein gesamteuropäischer Konsens

Als ich für die gleiche Ausgabe der Architectural Review über Giselbrechts Haus der Kärntner Ärzte und Rodolphe Luschers Rundfunkstation in Lausanne schrieb, erschienen mir Vergleiche unvermeidlich, denn die Ähnlichkeiten nicht nur des Ansatzes, sondern sogar des Vokabulars waren auffallend.[14] Luscher hatte die Grazer Bauten kurz kennengelernt; aber es wäre falsch, daraus einfach zu schließen, daß der Einfluß in dieser Richtung erfolgte, zumal das Schweizer Gebäude früher als das österreichische geplant wurde. Ich denke aber, daß es das Ausmaß zeigt, in dem Architekten heutzutage Ideen international austauschen: durch Bücher und Zeitschriften, durch Teilnahme an Wettbewerben in anderen Ländern und durch die Verwendung von High-Tech-Elementen von einem wachsenden gesamteuropäischen Markt. Giselbrecht und Luscher interessieren sich dank der Entwicklung ihrer Sensibilität zufällig für die mehr oder weniger gleichen Architekturaspekte, und sie bedienen sich aus diesem gemeinsamen Informationspool; daher entwickeln ihre Bauten parallele Merkmale.

Über diese mir zufällig bekannt gewordene Parallele hinaus gibt es zweifellos viele andere Architekten in Europa, die auf unterschiedliche Weise an den obenerwähnten Fragen interessiert sind – an den Brüchen innerhalb des Systems, an der Reaktion auf die Geometrie eines Ortes, an Tages- und Sonnenlicht, an der Rhetorik des Daches, ganz abgesehen von der Detailgestaltung mit Glas und der Verwendung von Solarenergie. Es kann sein, daß wir hier in den späten neunziger Jahren – nach den oberflächlichen Spielen der Postmoderne in den achtziger Jahren – Zeugen des Zustandekommens eines neuen spätmodernen Konsenses werden, welcher den extremen Rationalismus der sechziger Jahre durch die spezifischen Merkmale der organischen Architektur mildert. Dies wäre keinesfalls zu bedauern!

1 So lautet auch der Titel meines Buches zu diesem Thema, das demnächst beim Haus der Architektur in Graz erscheint.
2 Günther Domenig wurde erst zu einem relativ späten Zeitpunkt in der Geschichte dieser Bewegung – nachdem er bereits sehr bekannt geworden war – zum Professor berufen.
3 Sonderveröffentlichung über Graz, herausgegeben von Bernhard Hafner.
4 Konrad Frey ging nach England, Helmut Richter nach Frankreich, Volker Giencke und Michael Szyszkowitz gingen nach Deutschland, Bernhard Hafner und Manfred Kovatsch in die USA. Es bestanden noch viele andere internationale Verbindungen.
5 Vgl. meinen Beitrag in der Sonderausgabe der Architectural Review über Graz, Oktober 1995; eine detailliertere Darstellung enthält mein kommendes Buch.
6 Der Begriff der Grazer Schule wurde im Zusammenhang mit einer Ausstellung geprägt, die Mitte der neunziger Jahre durch Europa und die USA wanderte und das Werk von dreizehn Büros präsentierte. Vgl. den 170 Seiten starken Katalog, der in drei Auflagen erschien: Dietmar Steiner (Hrsg.), Architektur-Investitionen: Grazer „Schule", 13 Standpunkte, Akademische Druck- und Verlagsanstalt, Graz.
7 Mit dem seines Partners Hermann Eisenköck. In Graz ist es bekannt, daß nicht alle von den beiden erfolgreichen Domenig-Büros produzierten Bauten genau vom Meister kontrolliert werden, obgleich sie alle von ihm genehmigt sein müssen.
8 Siehe zum Vergleich etwa Gienckes Wohnbebauung in der Karl-Spitzweg-Straße mit seinen Gewächshäusern im Botanischen Garten von Graz, beide in der Sonderausgabe der Architectural Review, Oktober 1995, veröffentlicht.
9 Siehe zum Beispiel das Werk von Riegler/Riewe, vor allem den Grazer Flughafen und die Wohnbebauung in Straßgang.
10 Ich verfolge diese Dichotomie zurück bis zu den Diskussionen der zwanziger Jahre in Berlin zwischen Ludwig Mies van der Rohe und Hugo Häring, als sie ein gemeinsames Büro unterhielten. Die gleiche Polarität wurde von Adolf Behne – von ihm als zwischen Rationalität und Funktionalismus bezeichnet – in seinem Buch Der moderne Zweckbau von 1926 behandelt. Die Debatte setzte sich in der Nachkriegszeit in Deutschland fort am Kontrast des Spätwerks von Hans Scharoun und des von Egon Eiermann. Vgl. dazu Peter Blundell Jones, Hans Scharoun, Phaidon Verlag, London 1995 und Peter Blundell Jones, Hans Scharoun - Eine Monographie, Stuttgart 1979.
11 Zur Geschichte der Megastrukturen vgl. Reyner Banham, Megastructure, London 1976.
12 Zu einer ausführlicheren Analyse dieses Gebäudes siehe meinen Artikel in der Architectural Review, Januar 1994, S. 52-57.
13 Hans Scharoun zum Beispiel wurde gezwungen, allen seinen privaten Wohnhäusern zwischen 1933 und 1945 traditionelle Dächer zu geben.
14 The Architectural Review, April 1996, S. 40-44 und 64-67.

1 Also the title of my forthcoming book on the subject, to be published by Haus der Architektur in Graz.
2 Günther Domenig's appointment as Professor was relatively late in the history of the movement, after he had already become well-known.
3 A special issue on Graz edited by Bernhard Hafner.
4 Konrad Frey went to England, Helmut Richter to France, Volker Giencke and Michael Szyszkowitz to Germany, Bernhard Hafner and Manfred Kovatsch to the U.S.A. There were many other international connections.
5 I wrote a short account of this for the special issue of The Architectural Review on Graz, Oktober 1995; a more detailed version will appear in my forthcoming book.
6 The notion of a Graz school was launched with an exhibition which toured Europe and the United States in the mid 80s, presenting the work of thirteen firms. Cf. the 170 page catalogue which went through three editions: Dietmar Steiner (ed.), Architektur-Investitionen: Grazer „Schule", 13 Standpunkte, Akademische Druck und Verlagsanstalt, Graz.
7 Along with that partner Hermann Eisenköck. It is well known in Graz that not all works produced by the two successful Domenig offices are closely controlled by the master, though they must all be approved by him.
8 Contrast for example Giencke's housing at Karl-Spitzweg-Strasse with his glass houses at the Botanical gardens in Graz, both published in The Architectural Review, October 1995.
9 See for example the work of Riegler/Riewe, particularly Graz airport and their Straßgang housing.
10 I trace this dichotomy back to the debates during the 1920s in Berlin between Ludwig Mies van der Rohe and Hugo Häring when they shared an office. The same polarity, in his terms between Rationalism and Functionalism, was recognised by Adolf Behne in his book Der moderne Zweckbau of 1926. It continued in post-war Germany in the contrast between the later work of Hans Scharoun and that of Egon Eiermann. For my views on this see Peter Blundell Jones, Hans Scharoun, Phaidon, London, 1995.
11 For the history of megastructures see the book of that title by Reyner Banham, London 1976.
12 For a fuller analysis of this building see my article in The Architectural Review, January 1994 pp.52-57.
13 For example, Hans Scharoun was obliged to put traditional roofs on all his private houses between 1933 and 1945, see my book, as note 10.
14 The Architectural Review, April 1996 pp.40-44 and 64-67.

# BAUEN HEISST UMFASSEN  BUILDING MEANS ENCLOSING

## Zu den Bauwerken von Ernst Giselbrecht
## On Ernst Giselbrecht's buildings

Patricia Zacek

Die Projekte von Ernst Giselbrecht zeichnen sich im Äußeren durch eine präzise maschinenästhetische Gestalt aus, im Inneren durch polyvalente räumliche Vielfalt.

Es sind Gebäude, die in ihrem Wesen polare Positionen zeitgenössischer Architektur zu vereinen suchen, sowohl die Bildhaftigkeit, die rein optischen Reizen unterworfen ist, wird unmittelbar bedient ohne übermächtiges Pathos und doch mit Eindeutigkeit, als auch die Ebene der subtilen Raumrelevanz, wo mehr die Möglichkeit, das Greifbare und auch das Ungreifbare zusammenspielen und die Offenheit als Urgedanke die Situation bestimmt.

Auch die geballte Entstehungsgeschichte der Hauptprojekte ist ein nicht zu unterschätzendes Attribut für die architektonische Aussagekraft der Gebäude. Die typologisch prägendsten Arbeiten sind im Zeitraum zwischen 1988 und 1990 erdacht und in Wettbewerbsgewinne umgesetzt worden. Das gibt der architektonischen Bestrebung eine konzeptive Dichte, die sich nicht nur im Einzelobjekt nachvollziehen läßt und fast zwingend in immer wiederkehrenden Parametern zu einer individuellen architektonischen Sprache führt.

Dieser komprimierte Output ist Basis eines für Ernst Giselbrecht wesentlichen architektonischen Paradigmas, nämlich dem der Gleichberechtigung der Einzelteile. Kein Detail soll wichtiger werden als die anderen, erst im Zusammenspiel aller Elemente, in der autonomen Fügung soll die Wirkung entstehen und nicht in der Überbedeutung einzelner Faktoren. Diese Art von Nivellement kann man nur dann gekonnt durchspielen, wenn der Anspruch an das Einzelelement hoch angesetzt ist. So ist die gedankliche Auseinandersetzung mit wiederkehrenden Elementen, die zum funktionalen Vokabular jedes Bauwerks zählen, nahezu zum philosophischen Thema geworden.

### Bildsubstanzen

Dabei geht es um die Dialektik zwischen Neuerfindung und Anwendung. Wo andere in letzter Sequenz formale Spielarten freisetzen, hat sich Ernst Giselbrecht für den zweiten Weg, für die einmalige Festlegung eines funktionalen Details und dessen wiederkehrende Interpretation entschieden. Ein Vorgang, der den Elementen eine überdauernde Gültigkeit zugesteht und die strukturelle Gesetzmäßigkeit einer formal-geistigen Anforderung außer Zweifel läßt. Das entspricht einer fast bautraditionellen Anschauungsweise, die dem Gedankengut der Moderne nahekommt. Damals sowie heute gilt als wesentlicher Grundsatz jeder architektonischen Bestrebung, der räumlichen Aufgabe ein Hauptaugenmerk zu schenken und nicht die gestalterische Energie an Nebenschauplätzen zu verlieren.

Externally Ernst Giselbrecht's projects are distinguished by the precise mechanical aesthetics of their form, internally by their polyvalent spatial diversity.

They are buildings that try in their essence to bring together polar positions within contemporary architecture: pictorial quality, which is subject to purely optical stimuli, is served directly, without excessive drama, and yet unambiguously, but Giselbrecht also operates on the plane of subtle spatial relevance, where the situation is determined more by the possibility of giving equal weight to things that are both tangible and intangible, and by taking openness as the key idea.

The concentrated history of the origin of the main projects is also an attribute that cannot be underestimated in terms of the architectural eloquence of the buildings. The work that is typologically the most impactful was devised between 1988 and 1990, and was successful in competitions. This gives a conceptual density to the architecture that is manifest not only in the individual object, but leads almost inevitably, using constantly recurring parameters, to an individual architectural language.

This compressed output forms the basis of an architectural paradigm that is fundamental for Giselbrecht, stating that each individual section is equally valid. No one detail should be more important than any other, an effect should be produced only in the interplay of all the elements, by their autonomous syntactical structure, and not by giving undue significance to individual factors. This kind of levelling can be executed with panache only when high demands are made on each individual element. Thus it has become almost a philosophical theme that recurring elements that are part of the functional vocabulary of every building must be addressed intellectually.

### Pictorial Substance

To this end a dialectic is established between new invention and application. While others release formal modes of play in a final sequence, Ernst Giselbrecht has opted for the second way, for fixing a functional detail and its recurring interpretation once and for all. A process that allows the elements lasting validity and leaves no doubt about the structural legality of a formal and intellectual demand. This is an almost traditional approach in terms of building that attempts to make the spatial task the focus of attention and does not dissipate itself in minor areas of activity.

For this reason flights of steps, banisters and parapets are constants, not reinvented for each new building, but adapted. In these systematically condensed works he develops individual design strategies that are concerned with tigh-

Bei den Projekten von Ernst Giselbrecht werden Stiegenläufe, Geländer, Brüstungen in diesem Sinn übergeordnet festgelegt, nicht am Objekt stetig neu erfunden, sondern adaptiert. In diesem systematisch verdichteten Arbeiten entwickeln sich eigene Entwurfsstrategien, die mit Straffung und Schärfung zu tun haben, und diese Vorgangsweise, die ohnedies für jede architektonische Aufgabe zur Endbestimmung gehört, kann, im zeitbegrenzten Prozeß selbst geschärft, von einer Aufgabe zur nächsten übertragen werden. Wegbegleiter und Schutzschild in diesem Prozeß ist die stete Überprüfung. Es zeigt sich, daß nicht die Attribute die architektonische Qualität eines Gebäudes ausmachen, sondern einzig die räumliche Fügung.

### Typologische Ideenskizzen

Hier ergibt sich nahtlos der Wechsel zur typologischen Ebene. Die Gebäude von Ernst Giselbrecht sind in ihrem typologischen Anspruch fast ausschließlich einer offen zur Schau gestellten Brauchbarkeit unterworfen, was nicht heißt, daß reiner Funktionalismus die Zielsetzung bestimmt, doch die Zweckdienlichkeit tritt niemals aus der Bildfläche. So sind die Projekte zumeist auch in der Grundrißkonfiguration pragmatisch erstellt. Reihungen und geradlinige Fügungen gleicher Funktionsbereiche werden zur strukturellen Gestaltungsmethode. In gleicher Weise gehören Anforderungen, die rein wirtschaftlichen Sachzwängen entsprechen, wie zum Beispiel die Erfordernis zur Mittelgangerschließung, zum architektonisch bewältigbaren Repertoire. Entscheidend ist auch hier die Gleichgewichtung ähnlicher Raumelemente mit dem erweiterten Ziel, sich in dieser Kompaktheit die Chance für den „Ausbruch" zu sichern. Man kann es auch als Fragestellung in einem schon hinlänglich bekannten Antwortspektrum bezeichnen, oder als das Akzeptieren der ureigensten Identität gewisser Dinge, um anderen eine neue, nämlich räumlich verbesserte zu geben.
Sowohl das Medienhaus in Schwarzach als auch das RSB-Gebäude und die Ärztekammer in Klagenfurt zeigen diese Typologie. Einerseits werden gleiche Funktionseinheiten in geordnete Strukturen verpackt, andererseits wird damit ein „Freispiel" für die Gemeinschaftsflächen erkauft. Bei den genannten Gebäuden werden an zweihüftigen oder einhüftigen Längstrakten Verschiebungen vorgenommen, die ihren Schlußpunkt in einer geschwungenen Kopfform finden. Es sind markante Elemente, die Eingangshallen oder Konferenzräume beherbergen, öffentliche Bereiche definieren und dort wo es notwendig ist nach außen wirken lassen.
Im Unterschied dazu die Schule in Kaindorf, wo sich an einen Längstrakt, gleichsam einem Rückgrat, fächerförmig die übrigen Funktionsbereiche anordnen, ebenfalls streng gegliedert, aber ohne die Notwendigkeit eines zusätzlichen äußeren Zeichens, da die Gesamtdimension, die flächige Eroberung des Außenraumes, schon Prägnanz genug ist. Es ergibt sich eine Bandbreite gleichgewichteter außen- und innenräumlicher Durchflechtungen, die keiner apodiktischen Rangfolge bedürfen. Die räumliche Qualität ist vielmehr von kommunikativem Charakter beseelt. Das Glashaus sitzt im Inneren.
Ernst Giselbrecht sucht die thematische Herausforderung in sachlicher Art zu bewältigen, eher in einem Prozeß des Experimentierens auf der technischen und weniger auf der formalistisch geschönten Seite, und gerade deshalb entstehen Gebäude mit ästhetischem Äußeren.

### Tektonischer Baukasten

Hier ist folgerichtig als dritter Punkt das tektonische Prinzip zu erwähnen, das, unterlegt vom persönlichen Werdegang, von der ursprünglichen Ausbildung zum Maschinenbauer, und natürlich in der Reflexion des heutigen Baustan-

tening and sharpening, and this procedure, which is anyway part of the final definition of any architectural task, can be transferred from one commission to the next, and is itself sharpened in a process that is limited by time. This process is accompanied and protected by constant examination. What becomes clear is that it is not the attributes that determine the architectural quality of a building, but simply the spatial disposition.

### Typological Idea Sketches

And here the transfer to the typological level occurs quite seamlessly. Ernst Giselbrecht's buildings are almost exclusively subject to openly displayed functionality in their typology. This does not mean that aims are determined by functionalism purely and simply, but he never loses sight of suitability for a particular purpose. Thus the projects are usually created pragmatically in terms of ground plan configuration as well. The structural design method is based on accumulation, and linear arrangement of areas with the same function. In the same way, central corridors become part of the architecturally resolvable repertoire. Crucial here too is that equal weight is given to similar elements, with the extended aim of ensuring an opportunity to "break out" within this compactness. It can also be called a question within a spectrum of answers that is already familiar, or acceptance of a deeply personal identity for certain things in order to provide new features with a better identity that has been spatially improved.
The Media Building in Schwarzach and the RSB Building and the Health Centre in Klagenfurt share the same typology. Longitudinal sections, with rooms on both sides or one side, are modified so that they conclude in a curved form at the end. These are striking elements containing entrance halls or conference rooms; they define public areas and make an impact outside the building where that is necessary.
Different from this is the school in Kaindorf, where the usual functional areas are arranged in a fan shape on a longitudinal section which functions like a back-bone; they are also strictly articulated, but without the necessity for an additional external sign, as the overall dimension, the two-dimensional conquering of the exterior space, is already succinct enough. This produces a range of equally weighted interior and exterior interweavings that require no apodictic sequence. The spatial quality is inspired by its communicative character instead. The glass building sits in the interior.
Ernst Giselbrecht tries to tackle thematic challenges in an objective fashion, essentially by technical experiment, rather by imposing formal prettiness, and for precisely that reason he produces buildings with aesthetic exteriors.

### Tectonic Construction Kit

Here as a logical third point we should mention the tectonic principle, which determines the approach, underpinned by the personal career, by Giselbrecht's original training as a mechanical engineer, and of course by reflection on current building standards. It is a matter of working towards a stratification, not by contemplating the usual building tradition but by approaching contemporary building technology in a symbiosis. Contemporary building is characterized by rationality, the statical conditions are unambiguously intelligible, the massive building method is no longer a dogma, but the structure of the building should be broken down into the main elements, foundations, supporting structure and envelope.
Ernst Giselbrecht is concerned above all with making the envelope more precise. For him there are an enormous number of ways of developing a façade. He sees this envelope as a breathing skin with many layers, which has to take envi-

dards die Vorgangsweise bestimmt. Es geht um das Arbeiten in einer Schichtung, das nicht in der Kontemplation der herkömmlichen Bautradition erfolgt, sondern sich in einer Symbiose vor allem den zeitgemäßen Bautechnologien anzunähern sucht. Heutiges Bauen ist von Rationalität gekennzeichnet, die statischen Bedingungen sind eindeutig lesbar, die Massivbauweise ist schon lange kein Dogma mehr, vielmehr ist das Baukörpergefüge in die Hauptelemente, Fundamente, Tragstruktur und Hülle aufzugliedern.

Ernst Giselbrecht beschäftigt sich vor allem mit der Präzisierung der Hülle. Für ihn gibt es vielfältigste Varianten, sich eine Fassade zu erarbeiten. Er sieht diese Hülle als mehrschichtig atmende Haut, die den Klimafaktoren der Umwelt gerecht werden muß, und genauso wird die Fassade geplant. Von der wärmedämmenden Schicht bis zur wasserabweisenden, zumeist metallenen Außenseite oftmals in gleicher Ebene mit der transparenten Fensterzone, hinaus über die Reinigungsstege bis hin zum Sonnenschutz. Diese Schichtung kann von innen nach außen erfolgen, oder wird in einer Art Rückführungsprozeß vorgenommen, wo die Sonnenschutzlamellen oder die Reinigungsstege nach Erstellen der Dachkonstruktion von dieser wieder abgehängt sind.

Dieser mehrschichtige Aufbau ist nicht nur an seinen Großprojekten zu finden, sondern hat auch für das Einfamilienhaus seine adäquate Gültigkeit. Ebenso zeigt die Abbundhalle in Murau das Prinzip des formativen Aufbaus auf einprägsame Weise, zumal die eingangs erwähnte Trennung konstruktiver Elemente und umhüllender Teile durch die Holzstruktur und die transparente Ausfachung genau nachvollzogen werden kann.

**Polymorphes Weiß**

Das Resultat dieser von technischer Diszipliniertheit gekennzeichneten architektonischen Haltung ist eine Architektur, die in einer ästhetisierenden Bildhaftigkeit, einer auf den optischen Reiz ausgerichteten Aussagekraft, eine räumliche Empathie in sich birgt, die jegliche Beschränkung durch allzu bindende Konstanten und Vorgaben aufhebt und reine Offenheit zur Schau stellt. Eine Offenheit, die den perzeptiven Charakter der architektonischen Schöpfung in den Vordergrund rückt.

So ist auch das stringente Weiß der meisten Gebäude nicht als abgehobenes künstlich aufgesetztes Schönheitsattribut zu deuten. Es entspringt der Konzeption, die Inhomogenität zeitgenössischen Bauens zu akzentuieren. Einerseits durch die mit Farbe artifiziell erzeugte, alles überfließende Einheitlichkeit und andererseits ganz bewußt im Gegensatz dazu die dadurch erzielte thematische Abgrenzung zur Umgebung. Ein Ausdruck dafür, daß die Architektur keine letztgültigen Definitionen liefert und jede architektonische Schöpfung sich zwangsläufig, trotz oder gerade wegen der Berücksichtigung vieler Prämissen, in einem Abstraktionsfeld bewegt. Architektur ist vielmehr Motivator und Baustein in einer zufälligen, punktuellen, zukunftsbezogenen Transformation, die einer Komplexität vieler Bausteine bedarf.

So taucht Ernst Giselbrecht seine Gebäude in Weiß, um die primäre Differenz jeglicher Einzelintervention darzustellen und diese Autonomie optisch zu unterstreichen, aber auch um durch den ästhetischen Reiz der Leichtigkeit die Näherung zu erleichtern. Die Gebäude werden sorgsam in das Umfeld gestellt und nicht von vornherein in heterogenen Standortbedingungen verankert. Ein offengelegter Loslösungsprozeß, der die Gefahr der falsch interpretierten Metaphrase umgebender Prämissen erst gar nicht auf sich zu nehmen sucht.

Es sind „Fragmente", die in einer Weite schwimmen und dennoch unverhohlen im Kontext örtlicher Prägnanz individuell erfahrbar bleiben und dabei optische Reize setzen. So ist das Wohnhaus am Bodensee in seiner Abgehobenheit von ländlicher Idylle ein Spiel mit dem Horizont, eine Hommage an den See.

ronmental climatic factors into account, and the façade is planned in precisely the same way. From the heat-insulating layer to the water-repellent, usually metal exterior, often on the same plane as the transparent window zone, then walkways for cleaning and the sunshading devices. This stratification can develop from the inside outwards, or is addressed as a process of working backwards, where the sunshading slats or the walkways for cleaning are suspended from the roof structure after this has been created.

This multi-layered construction is not only seen in his major projects, but is also applicable to family houses. In the same way the Trimming Hall in Murau shows the principle of formative structure in a quite different and striking way, especially as the separation of structural elements and envelope sections mentioned at the beginning can be precisely understood as a result of the timber structure and the transparent compartmentalization.

Polymorphic White

The result of this architectural approach characterized by technical discipline is an architecture that in its aesthetic pictorialism, its eloquence based on visual charm, conceals within itself a spatial empathy that cancels out any limitations imposed by excessively binding constants; it shows complete openness, an openness that shifts the perceptive character of architectural creation into the foreground.

The compelling whiteness of most of the buildings is also not to be considered as a separate and artificially applied beauty aid. It arises from the concept of accentuating the lack of homogeneity in contemporary building. Firstly by the uniformity that is artificially produced by colour and flows over everything and secondly, quite consciously in contrast with this, the thematic separation from the surroundings that this produces. This is an expression of the fact that architecture does not produce final definitions and every architectural creation inevitably, despite or precisely because of the fact that many premises have been taken into consideration, moves in a field of abstraction. On the contrary, architecture is a motivator and building brick in a random, isolated, future-related transformation, which needs the complexity of many building bricks.

Thus Ernst Giselbrecht plunges his buildings into white in order to represent the primary difference of each individual intervention and to emphasize this autonomy visually, but also to facilitate approximation via the aesthetic appeal of the lightness.

The buildings are placed carefully in their surroundings and not anchored from the outset in heterogeneous site conditions. A revealed process of detachment which does not even try to address the danger of the falsely interpreted metaphrase of surrounding premises.

They are fragments that float in a wide expanse and yet remain open to individual understanding in a context of local succinctness and thus appeal visually. Thus the private house on Lake Constance is detached from any rural idyll; it makes a play with the horizon, and pays homage to the lake.

The Poetics of Space

If one is to understand the inspiration and purpose of Ernst Giselbrecht's buildings it is essential to think on bipolar tracks.

His ambition is subject to the dialectic of shaping buildings in a kind of isotropy; this must then not be over-interpreted, but the syntactical precision should be used to provide a degree of abstraction that is open to individual interpretation and not to excessive predetermination. The intended result is a spatial effect that also recognizes ambiguity as a sign of quality. Thus irritation, an element of temporary pictorial disturbance, is programmed in alongside precision of form

**Poetik des Raumes**
Um die Beseeltheit und Bestimmung der Bauwerke von Ernst Giselbrecht zu lesen, kann man nicht umhin, sich auf bipolaren Denkschienen zu bewegen. Die Ambition unterliegt der Dialektik, die Baukörper in einer Art Isotropie herauszubilden und diese andererseits nicht überzuinterpretieren, sondern gerade durch die syntaktische Präzision einen Abstraktionsgrad beizustellen, der sich individueller Interpretation öffnet und nicht obsessiver Vorbestimmung. Das abzuzielende Endresultat ist eine Raumwirkung, die auch die Mehrdeutigkeit als Qualitätsmerkmal anerkennt. So ist die Irritation, die zeitweilige Bildstörung, neben formvollendeter Präzision miteinprogrammiert. Bei den Gebäuden von Ernst Giselbrecht geht es nicht um Anreicherung oder Reduktion – Begriffe, an denen sich nur allzu oft zeitbezogene Architekturbetrachtungen verengen –, sondern um eine differenzierte Raumbewältigung ohne pluralistische Übersättigung, mit einfachen Mitteln, auch jenen der Repetition.

Grundgedanke ist es, die Aufgabe der räumlichen Erfahrung ohne programmatische Schnittstelle an den Nutzer zu übertragen, sowohl in optischer als auch in taktiler Sequenz. Gerade der tektonische Umgang mit Transparenz zielt auf eine Wahrnehmung von Wechselseitigkeit, von fließender Überlagerung, von diesseits und jenseits ab.

Im ästhetischen Äußeren der Projekte ist es ähnlich, auch dort zählt die Offenheit mehr als die entrückte Bestimmtheit, auch dort wird der Betrachter zum Beteiligten. Dort ist der Umgang mit einer Art Fremdheit bestimmendes Element. Sie entspricht nicht unantastbarer Glätte, sondern initiiert ein Annähern und Vereinnahmen, im Spektrum der Analogie, ohne konkrete Bindung örtlich und zeitlich, ohne autochthone Apologie.

So können verschiedenste Bildebenen entstehen, die in bauliche Gestalt gebracht eines gemeinsam haben, nämlich der Vielschichtigkeit heutiger Lebensmuster nahe zu kommen, und genau in diesem Spektrum muß sich zeitgenössische Architektur bewegen.

and perfection. Ernst Giselbrecht's buildings are not concerned with enrichment or reduction – concepts that are all too often allowed to restrict time-related architectural considerations – but with sophisticated handling of space with pluralistic satiation, using simple devices, including repetition.

The basic idea is to transfer the spatial experience to the user without a programmatic intersection, in both a visual and a tactile sequence. It is precisely the tectonic handling of transparency that aims at a perception of reciprocity, of fluent overlapping, of here and beyond.

It is similar in the aesthetic exterior of the projects, there too openness counts more than abstracted certainty, there too the observer becomes involved. There handling a kind of alien quality is a determining element. It is not about untouchable smoothness, but initiates feeling one's way forward and receiving, within the spectrum of analogy, without concrete obligation in terms of place or time, without any indigenous apology.

Thus a large variety of pictorial levels can be created that have one thing in common when in their built form: they come close to contemporary multi-layered life patterns, and it is within precisely this spectrum that contemporary architecture must move.

**Poetik des Raumes**

The Poetics of Space

# Poetik des Raumes

Architektur erzeugt Merkmale, ihre Bestimmtheit entsteht durch den Raum. Architektonischer Raum hat die Hauptrolle auf allen Bühnen, selbst auf den Nebenschauplätzen muß das Bewußtsein für die räumliche Prägung dringliches Problem bleiben. Architektonischer Raum ist materialisiertes Klangbild vieler Entscheidungsprozesse und der Zeit, also einer weiteren Dimension. Architektonischer Raum ist das scheinbar Faßbarste und dennoch so unkalkulierbar, so vielschichtig in seiner Ausstrahlung, so abhängig von seiner Wirkung.
Die funktionale Ebene ist die Ausgangsebene, von der aus das tiefe Einatmen beginnt. Wohlausgereifte Räume machen eine Bandbreite von Funktionalitäten möglich neben der einen, für die sie erschaffen wurden. Nicht Multifunktionalität – schon allein ihr Wortklang stört die Poesie des Räumlichen empfindlich –, sondern Schichtung von Erlebnisstrukturen; ein „layer" der Nutzermodifikation, wo sich in der individuellen Aneignung die Beziehung des einzelnen zum Raum ausdrückt. In dieser analogen Schichtung, die ähnliches offenbart und selten gleiches, ist der Raum als örtliche, reale Konstante vorhanden. Architektonischer Raum ist in diesem Sinn ein Katalysator, der die Dialogfähigkeit anregt und Handlungs- sowie Erlebnismuster initiiert. Der Architekt fungiert als erster Interpret, um virtuos, kraftvoll eine Setzung vorzunehmen, die Innen- und Außenwelten verbindet. Dialektisch im Fluß, im Übergang von einem zum anderen oder in scharfer Umgrenzung. Ein Begreifbarmachen der überschaubaren zweidimensionalen Planungsebene in der dritten Dimension, wo der Verzicht auf den Gesamtüberblick nicht zum Verlust an Essenz werden darf, sondern die Lust auf das räumliche Erlebnis im Einzelelement steigert, das, eingebettet in den größeren Zusammenhang, diesen als „vis major" mitschwingen läßt.
Es geht um die Klangfarbe. Die Kritik am harten Anschlag unserer Zeit verläuft nicht ungehört, denn das Spielen ohne Obertöne erfordert zumindest präzise Klangfolgen, um das Mystisch-Atmosphärische der Raumfolgen nicht wegzuästhetisieren.
Für den Raum an sich ist es kaum von großer Bedeutung, in welchem Stil er gebaut ist. Stil und damit Zeichenhaftigkeit ist ein informelles Medium, eine Sprachschiene, und als solche nicht überzubewerten. Ein Transporteur für das Wesentliche. Hier liegt eine Umschreibung der generellen Aufgabe von Architektur vor, und auch der Architekturtheorie, also dem Übersetzen von Raumkriterien in Verbalität, in einen Verständigungsprozeß. Darum gibt es auch keine zwingenden architektonischen Paradigmen, gleichsam ein räumliches Dogma, das immer angewandt, schon von vorneherein den architektonischen Wert sichert.
Um bei der Sprachschiene zu bleiben, so ist zwar die Wahl der Sprache nicht unwesentlich und erfährt in ihrer Zeitbezogenheit schon eine gewisse Interpretationsbasis, entscheidend ist aber das, was mit Hilfe der gewählten Sprache gesagt werden soll. Wenn die Sprachbeschränkung, also ein Minimalismus, um sich greift, muß die Bedeutungsschwere nicht zwingend steigen. Zwar hilft das Loslösen vom Oberflächenglanz zur Tiefe der Raumbedingung vorzudringen, doch nur dann, wenn diese Gewichtung auch von vorneherein vorhanden ist.
Raum hat mit Poesie zu tun. Eine Poesie, die Begriffe wie Offenheit, Transparenz, Volumen, Licht und Schatten, Größe, Proportionalität, Dynamik – um nur einige zu nennen – umhüllt, und es stellt sich bei genauerer Betrachtung heraus, daß diese Abstraktionen, diese Elemente des Raumklangs, durch ihre räumliche Bindung erst zu Begriffen unserer Realvorstellung werden können.

# The Poetics of Space

Architecture creates characteristics, its certainties are drawn from space. Architectural space plays the principal role everywhere, even on less important sites it is essential that the awareness of space be guaranteed. Architectural space is sound made material, derived from many decision processes and from time, in other words from another dimension. Architectural space is apparently easy to comprehend, and yet so incalculable, so complex in its radiant power, so dependent on its effect.

Function is the starting level; here we begin to take deep breaths. Mature spaces make a range of functions possible, not only the one for which they were created. This is not multi-functionality – the very sound of the word dislocates the poetry of the spatial – but a layering of experience structures; there is a layer of user modification, where the individual expresses his relationship with space by appropriating it for himself. In this analogous layering, which reveals things that are similar but seldom the same, space is available as a local, real constant. In this sense, architectural space is a catalyst that opens up the possibility of dialogue and initiates patterns for both action and experience. The architect is the first interpreter, his task is to find a powerful formula combining interior and exterior worlds. In dialectical flow, in a transition from one to the other, or in a sharp distinction. He makes us understand the manageable, two-dimensional planning level in the third dimension. Here renouncing a complete overview may not mean loss of essence. This renunciation enhances the desire for a spatial experience within the individual element, which, embedded in the larger context, causes that context to resonate as "vis major".

It is a question of tone colour. Criticism of our hard touch today does not go unheard: playing without overtones demands precise sequences of sound at the very least, so that the mystical and atmospheric quality of the spatial sequences is not aestheticized out of existence.

The style in which it is built is scarcely of great significance for the space as such. Style and thus symbolic quality is an informal medium, a linguistic track, and as such should not be overvalued. A carrier for the essential. This provides a description of the general role of architecture, and also of architectural theory, in other words the translation of spatial criteria into verbal form, into a process of understanding. This is also why there are no compelling architectural paradigms, no spatial dogma which, if always applied, guarantees architectural value from the outset.

To remain on the linguistic track: it is true that the choice of language is by no means inessential, its relation to time makes it basis for interpretation to a certain extent, but the crucial factor is what the chosen language is meant to say. If language is being limited, in other words if a certain degree of minimalism is spreading, the weight of meaning is not bound to rise. It is true that detaching ourselves from superficial gloss helps us to penetrate the depths of spatial definition, but only if this emphasis is actually present. In architectural ethics the value of meaning can be all too easily denied.

Space is a matter of poetics. A poetry that shrouds concepts like openness, transparency, volumes, light and shade, conclusion, proportionality, dynamics – to name but a few. On closer consideration it emerges that these abstractions, these elements of spatial sound, can become concepts of our real imagination only through their spatial bond.

■■■ jede Urform des Raumes ist unendlich variierbar und zwar in so großer Zahl, daß jeder Mensch auf der Erde für sich einen eigenen Raum erfinden könnte, und es ist nur die Frage, warum er es nicht tut. Wer hindert ihn daran? Vielleicht die nicht geschulte Phantasie?

■■■ every prototype of space can be endlessly varied, so much so that every human being on earth could invent a space for himself, the only question is: why he does not do it? Who is stopping him? Perhaps his untrained imagination?

**Frei Otto**

## MEDIENHAUS
### der Vorarlberger Nachrichten

## MEDIA BUILDING
### for the Vorarlberger Nachrichten

Zu der bestehenden Druckerei wurde im Jahr 1993 ein Bürogebäude geplant, das in technisch ausgereifter Gestalt ein offen flexibles Raumkonzept beherbergt und energietechnisch dem neuesten Standard entsprechend ausgestattet ist. Ein in der Schweiz entwickeltes und in den USA berechnetes Klimasystem nutzt die Betonstruktur als energetischen Sensor für den Wärmebedarf oder zur Kühlung, so wird auch die Abwärme des Druckereibetriebes eingespeist und wieder genutzt. Dem architektonischen Konzept zufolge sind die Büroeinheiten, möglichst ohne strikte räumliche Trennung, in einem Längstrakt untergebracht. Dieser Trakt erweitert sich im Osten zur gläsernen Eingangszone, die wie oft bei Projekten von Ernst Giselbrecht eine geschwungene Kopfform erhält. Diese funktional-formale Aufgabe übernimmt eine mit zwei Schlitzen versehene Stahlbetonwand, die den Eingangsbereich beschirmt. Während die großzügige Eingangshalle von einer punktuell gehaltenen Stahl-Glas-Konstruktion umhüllt wird, ist der Rest des Baukörpers mit einer weißen Metallpaneel-Fassade konzipiert, deren Paneele im Fensterbereich zu Beschattungselementen hochgeklappt werden können. An der Nordseite sind die Lamellen aus Glas. Mit dieser Konstruktion, die gewählt wurde, um eine bündige Fassadenebene zu erlangen, ohne konstruktive Klimmzüge vollführen zu müssen, werden die Vorteile des traditionellen Kastenfensters in technisch zeitbezogener Ausführung genutzt. In diesem Sinn ist ein Haus entstanden, das in elegant präziser Form die technische und funktionelle Ebene in einer adäquaten Erscheinungsform zu präsentieren sucht.

In 1993 an office building was planned to join the existing printing shop. Its technically mature design conceals an openly flexible spatial concept and it is appropriately equipped to the most recent standards in terms of energy technology. An air-conditioning system developed in Switzerland with technical specifications calculated in the USA uses the concrete structure as an energy sensor for heating or cooling, and thus the waste heat from the printing shop is also fed into the system and re-used. In accordance with the architectural concept, the office units are accommodated in a longitudinal section and have as little strict spatial separation as possible. At the eastern extremity this section opens out into the glazed entrance zone, which has a curved head-end, as is so often the case in Ernst Giselbrecht's projects. This functional and formal task is taken over by a reinforced concrete wall with two slits, which shelters the entrance area. While the spacious entrance hall is enclosed by a broken steel and glass structure, the rest of the building is conceived with a white façade of metal panels, which in the window areas can be folded up to provide shade. On the north side these slats are made of glass. With this structure, which was selected to permit a flush façade without having to go on for structural gymnastics, the advantages of the traditional box-type window were used in an up-to-date technical version. In this way a building has been produced that seeks to present the technical and functional level elegantly and precisely, in an appropriate form.

| | |
|---|---|
| **Bauherr** / Client: | Eugen A. Ruß, Vorarlberger Zeitungsverlag und Druckerei GmbH, A-6858 Schwarzach |
| **Projektteam** / Project team: | Peter Müller, Gunter Koppelhuber, DI Zsolt Gunther, Gernot Bittlingmaier, Johannes Eisenberger, Andreas Moser |
| **Statik** / Structural analysis: | DI Martin Moosbrugger |
| **Bauleitung** / Site manager: | Ing. Bertram Köb, WIKÖ |
| **Planung** / Design: | 1993/94 |
| **Bauzeit** / Execution: | 1995/96 |

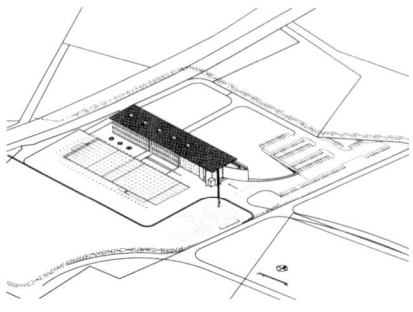

**Lageplan** Site plan

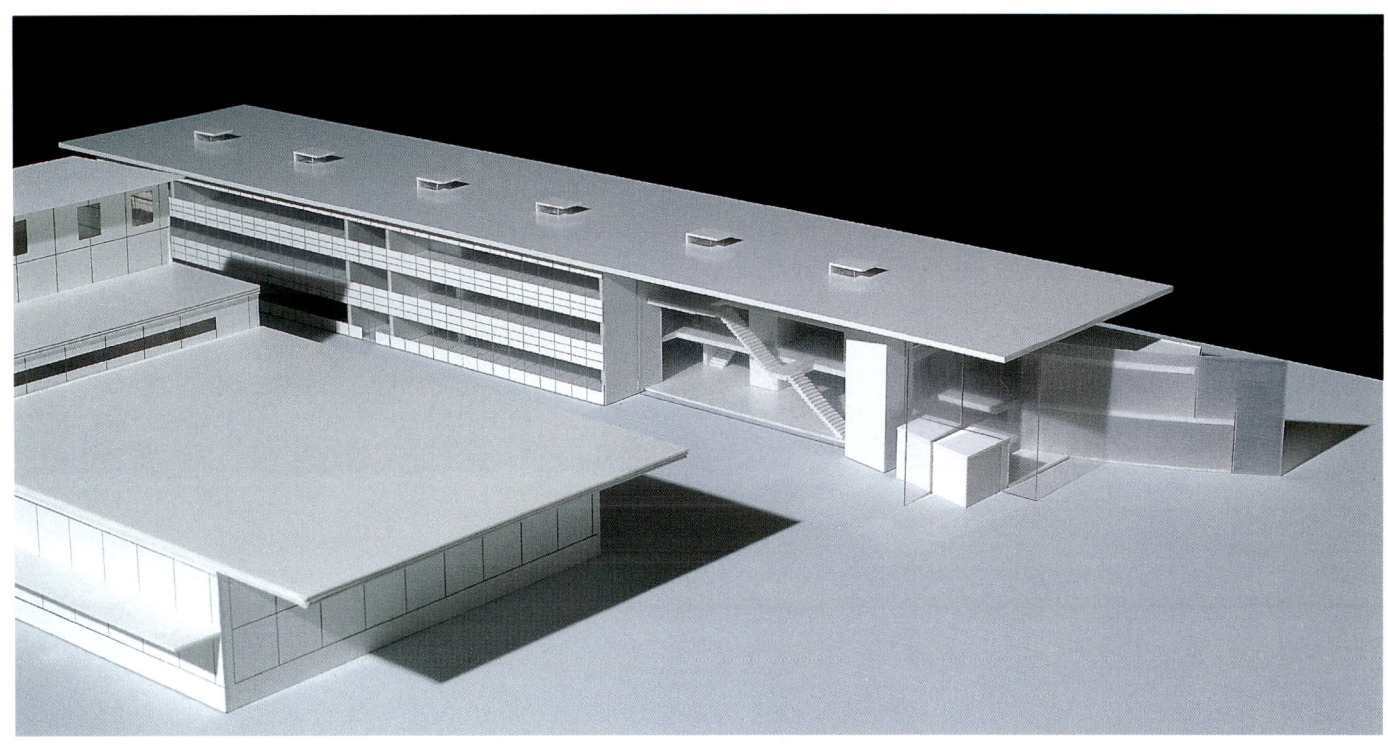

**Das Modellfoto zeigt das neu konzipierte Bürogebäude neben der bestehenden Druckerei.**
The model photograph shows the new idea for the office building next to the existing printing shop.

**Grundrisse Erdgeschoß, 1. und 2. Obergeschoß**
Ground floor plan, first and second floor plan

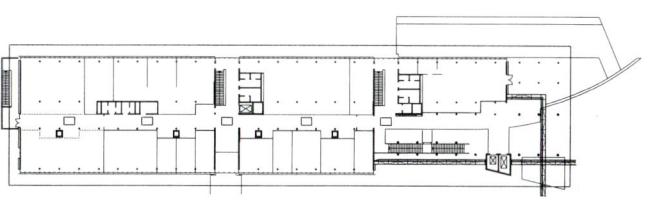

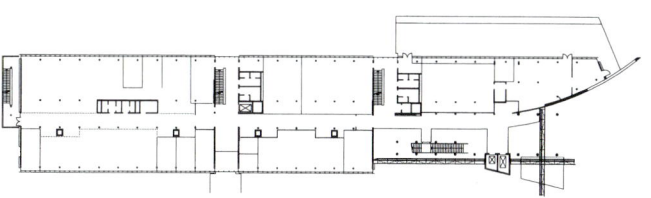

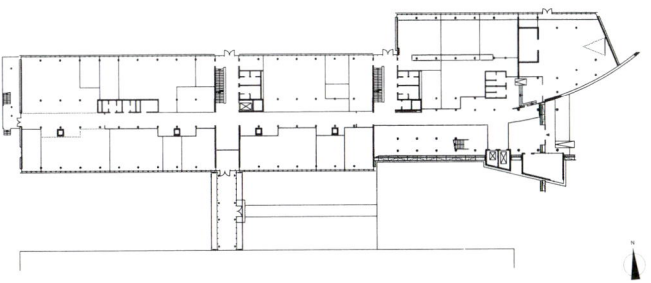

**Glasfassade des Eingangs mit Durchblick in die mehrgeschossige offene Erschließungshalle**

Glass façade at the entrance looking through to the multi-storey open access hall

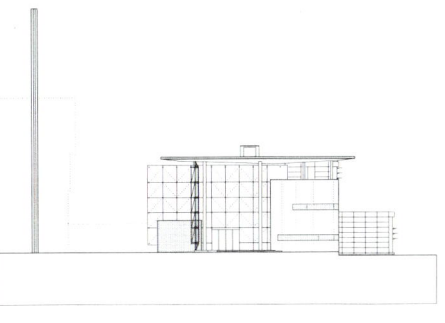

**Ansicht von Osten** East elevation

**links: Eingangshalle mit durchlaufender Treppe zu den Obergeschossen**
left: Entrance hall with staircase to the upper storeys

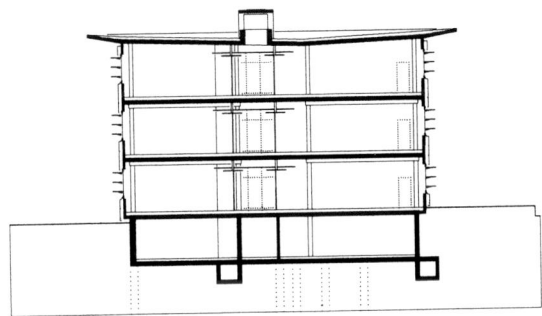

**Schnitte** Sections

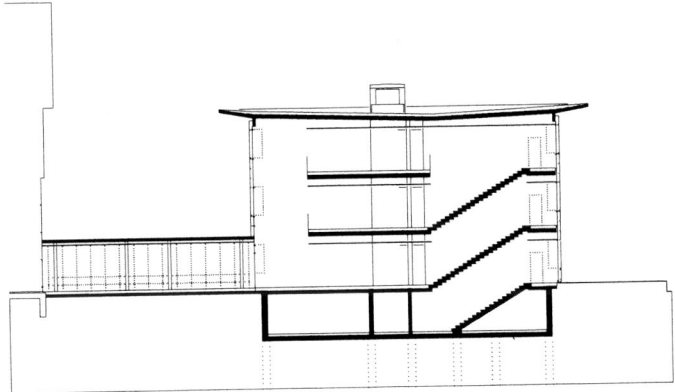

**Kopfform der Eingangszone mit kleinem
kubischen Portierhäuschen eingeschnitten in die Glasfassade**

Entrance zone at the head of the building
with cubic porter's lodge cut into the glass façade

**Gesamtansicht des Bürotrakts mit geschwungener,
weich ausgreifender Betonscheibe sowie dem Biotop im Vorfeld des Eingangs**

General view of the office section with curved,
slightly protruding concrete slab and the biotope in the approach to the entrance

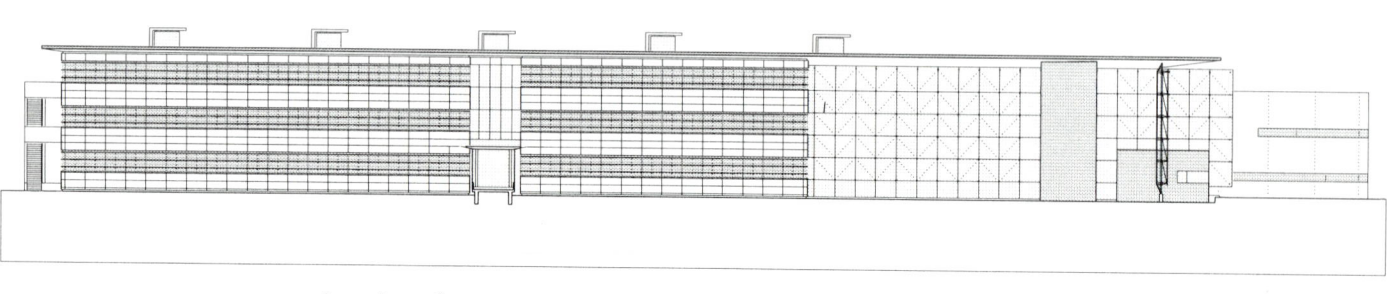

**Ansicht von Süden**   South elevation

**Baukörpersilhouette in Beziehung zum Druckereigebäude**
Silhouette of the building relating to the printing building

**Gebogene, mit zwei Schlitzen versehene Betonscheibe als signifikante Kopfform**
Bent concrete section with two slits, a striking end shape

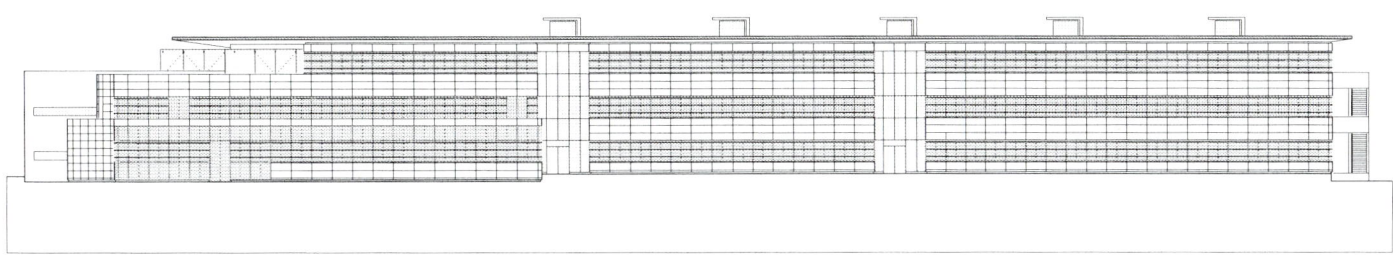

**Ansicht von Norden**  North elevation

**Übergang von Nurglasfassade der Eingangshalle zur Metallpaneelstruktur der Bürozonen**
Transition from the glass-only façade of the entrance hall to the metal panel structure for the office areas

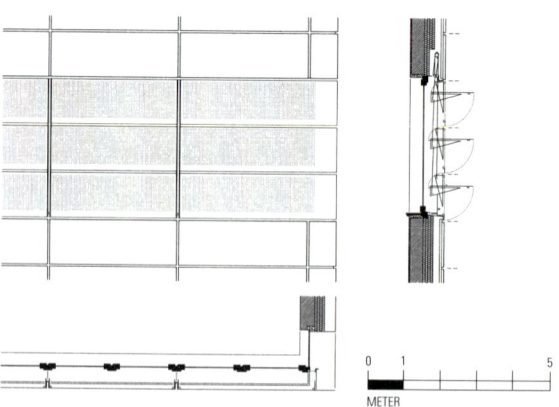

**Detailansicht, Horizontal- und Vertikalschnitt durch die öffenbaren Fassadenelemente**
Detail elevation, horizontal and vertical section through the façade elements that can be opened

**Südfassade mit teilweise offenen Fensterlamellen und Verbindungsgang zum Betriebsgebäude**
South façade with some window slats open and connecting corridor to the works building

**Südfassade geschlossen**  South façade closed

**Detailausschnitt der sich überkreuzenden Glasfassaden im Eingangsbereich**

Detail of the overlapping glass façades in the entrance area

**Blick in die Eingangshalle; sichtbar sind die Punkthalterungen der Glasfassade.**
View of the entrance hall; the fittings for the glass façade can be discerned.

## KAINDORF
### Höhere Technische Bundeslehranstalt

## KAINDORF
### Higher Technical Federal School

Grundgedanke des Planungskonzeptes war es, den Baukörper so in ein zur Zeit noch dörfliches Gefüge zu stellen, daß die erforderliche Baumasse den umgebenden Rahmen nicht sprengt. So ist ein Ensemble mit geradem zweigeschossigen Mitteltrakt entstanden, an den die eingeschossigen Klassentrakte und die Turnhalle wie Seitenflügel andocken. Die sich dadurch ergebenden Zwischenzonen sind je nach ihrer Lage Pausenbereiche oder Vorplatz und verzahnen das Gesamtgefüge sorgsam mit dem Umfeld. Auf diese außenräumliche Gestaltung wurde besonderes Augenmerk gelegt. So wechseln sich terrassierte Bereiche mit grüner Biotoplandschaft ab und es eröffnet sich für die Nutzer eine Bandbreite von Freiräumen. Das innere Raumkonzept verfolgt ähnliche Grundsätze. Es sollte ein helles, offenes Ambiente zur Verfügung stehen, das mit der eigenen bautechnischen Detaillierung und der exzeptionellen Ausformulierung der Konstruktion den Schülern Anregung für die technischen Lehrinhalte bietet. Die Großzügigkeit der Räume wird auch durch die Transparenz raumumschließender Elemente unterstrichen, so sind zum Beispiel die Bibliothek sowie das Lehrerzimmer als gläserne Boxen in die Halle gestellt. Eine strahlend weiße Fassade, deren Grundgerüst Metallplatten sind, umschließt das Raumkonzept. Die Fenster sind flächenbündig eingesetzt, Putzstege und Sonnenschutzlamellen sind in einer Art Schichtung vorgehängt. So ergibt die bewegliche äußere Hülle ein markant strukturiertes Bild von Licht und Schatten verwoben in einer fast schwebenden Zeichenhaftigkeit.

The basic idea behind the planning concept was to place the building within a structure that at the time still had the quality of a village in such a way that the required building mass did not break out of the surrounding frame. This produced an ensemble with a straight, two-storey central section to which the single-storey classroom sections and the gymnasium are attached as side wings. The resultant intermediate zones are break areas or forecourts according to their position and carefully dovetail the overall structure with its surroundings. Particular attention was paid to this design of the exterior space. Thus terraced areas alternate with a green biotope landscape, opening up a range of open-air spaces for the users. The internal spatial concept follows similar principles. The intention is to create a light and open atmosphere that by its own technical detailing and exceptionally thorough formulation of the structure will stimulate pupils in terms of the technical content of their syllabus. The spaciousness of the rooms is also underlined by the fact that the enclosing elements are transparent, thus for example the library and the staff room are placed in the hall in the form of glass boxes. A gleaming white façade, on a base framework of metal sheets, encloses the spatial structure. Cleaning bridges and sunshade slats are suspended in front of the building in a kind of layered system. Thus the movable outer shell produces a strikingly structured image of light and shade interlinking in almost floating symbolism.

**Horizontale Fassadenstruktur des Mitteltrakts**
Horizontal façade structure of the middle section

| | |
|---|---|
| **Bauherr** / Client: | Gemeinde Kaindorf namens der Rep. Österreich |
| **Projektteam** / Project team: | DI Werner Kircher, DI Kurt Falle, DI Wolfgang Ellmaier, DI Zsolt Gunther, DI Kuno Kelih, Andreas Moser, Gerhard Springer, Klaus Faber u.a. |
| **Statik** / Structural analysis: | Büro DI Aigner / Pölzl |
| **Wettbewerb** / Competition: | 1988 |
| **Planung** / Design: | 1990/91 |
| **Fertigstellung** / Completion: | 1993 |

**Kopfende des Mitteltrakts mit Büro des Direktors**  End of the central section with director's office

**rechts: Turnhalle mit großen Sheds zur Belichtung über das Dach**
right: Gymnasium with large northlights above the roof for illumination

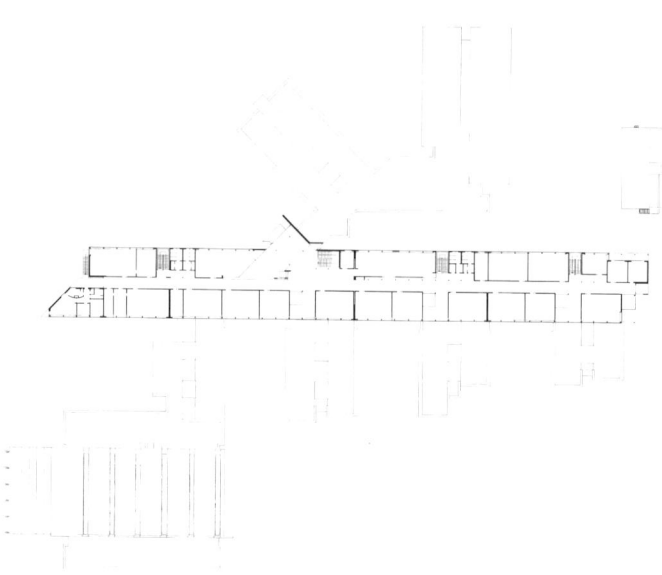

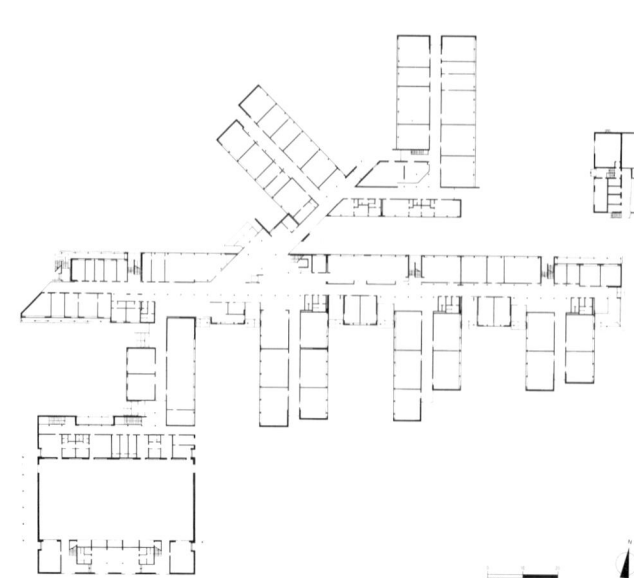

**Grundrisse Erdgeschoß und 1. Obergeschoß**
Ground and first floor plan

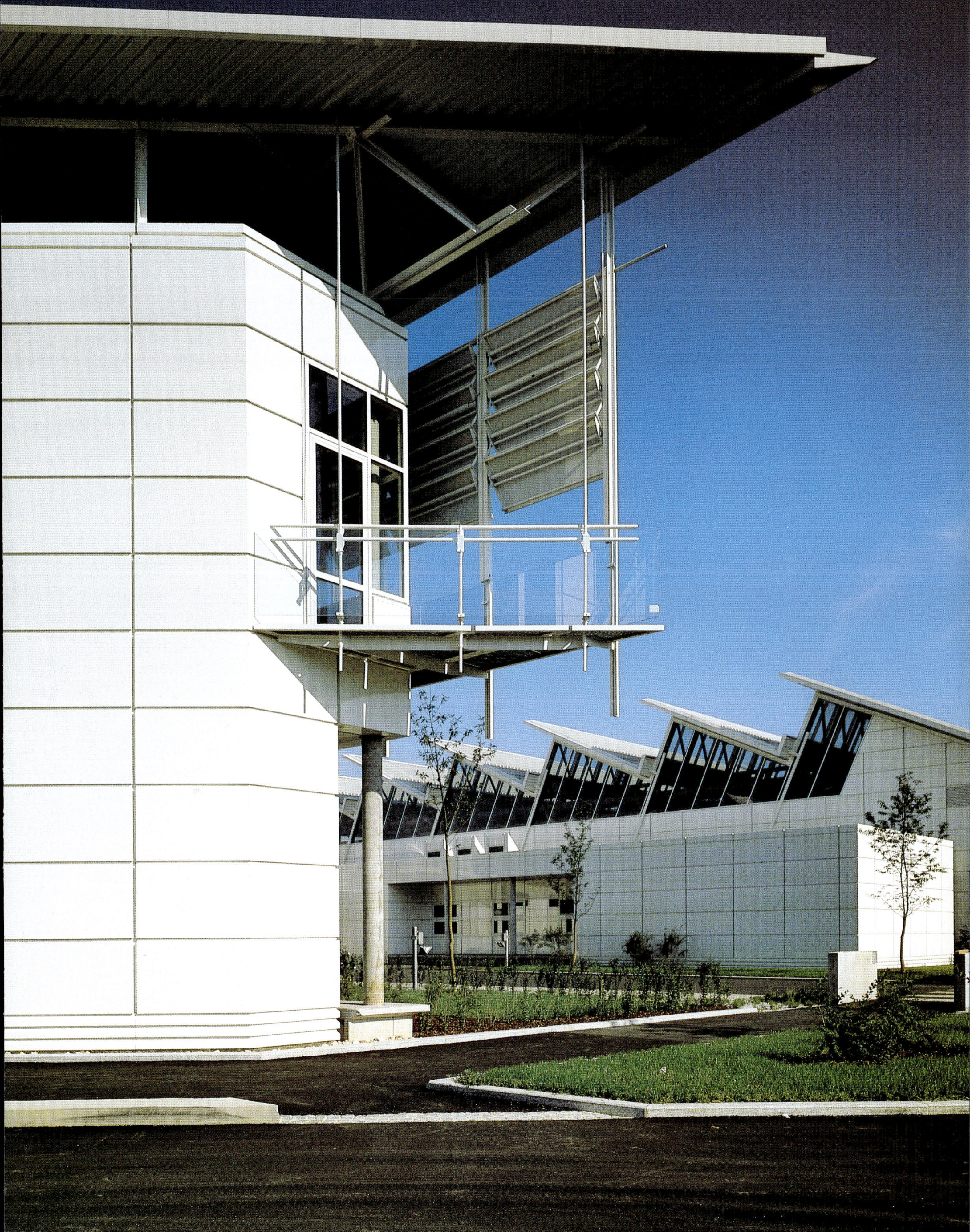

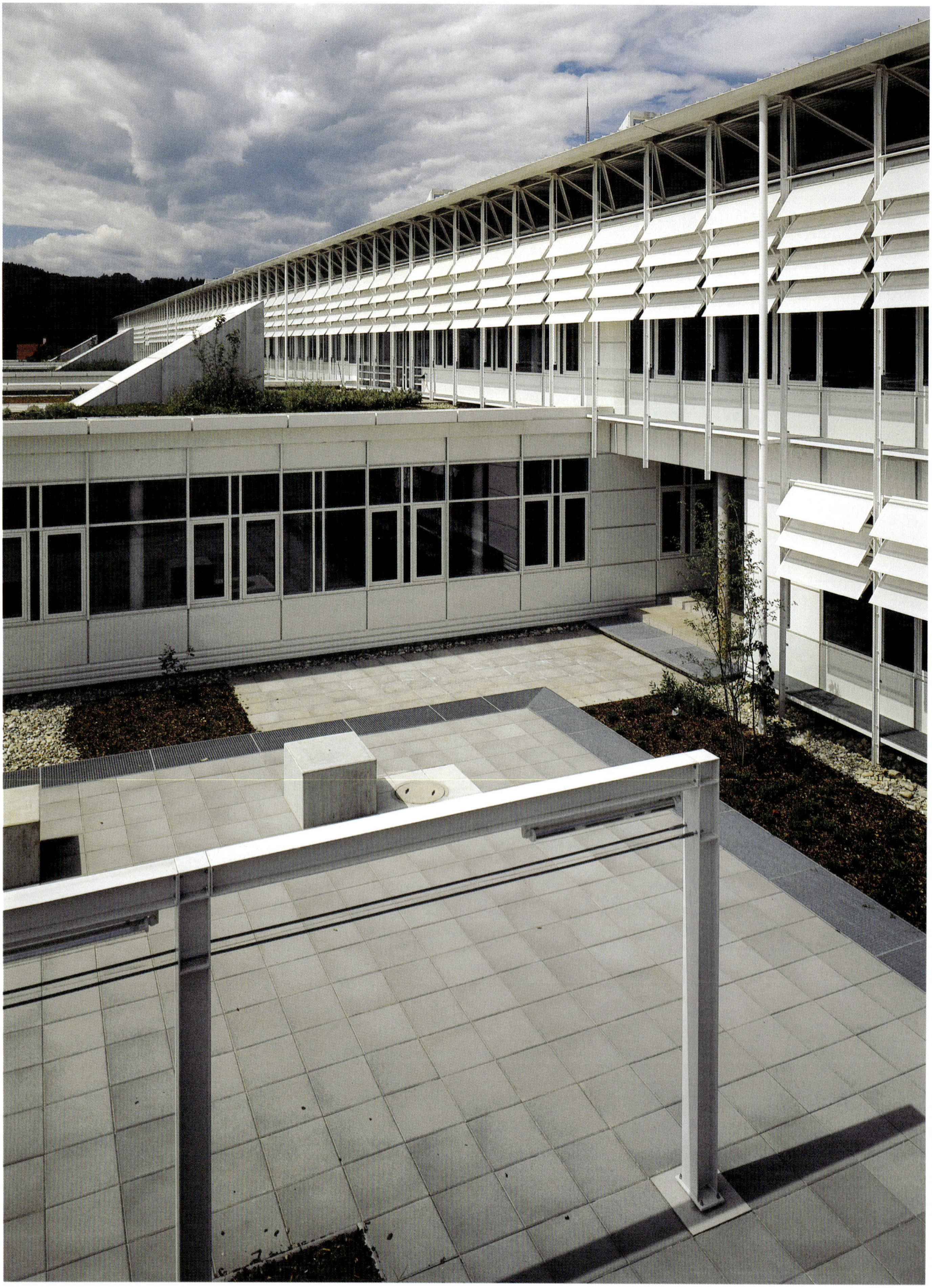

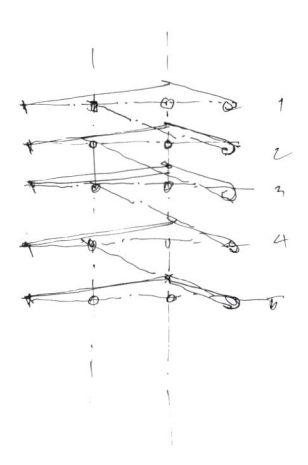

**Blick in die Zwischenzonen,**
**die als Pausenbereiche genutzt werden, mit den seitlich angedockten Klassentrakten**

View into the intermediate zones, which are
used during breaks, with the classroom sections, linked on transversely

**Skizze der beweglichen Fassade mit Sonnenschutz**
Sketch of the movable façade with solar protection

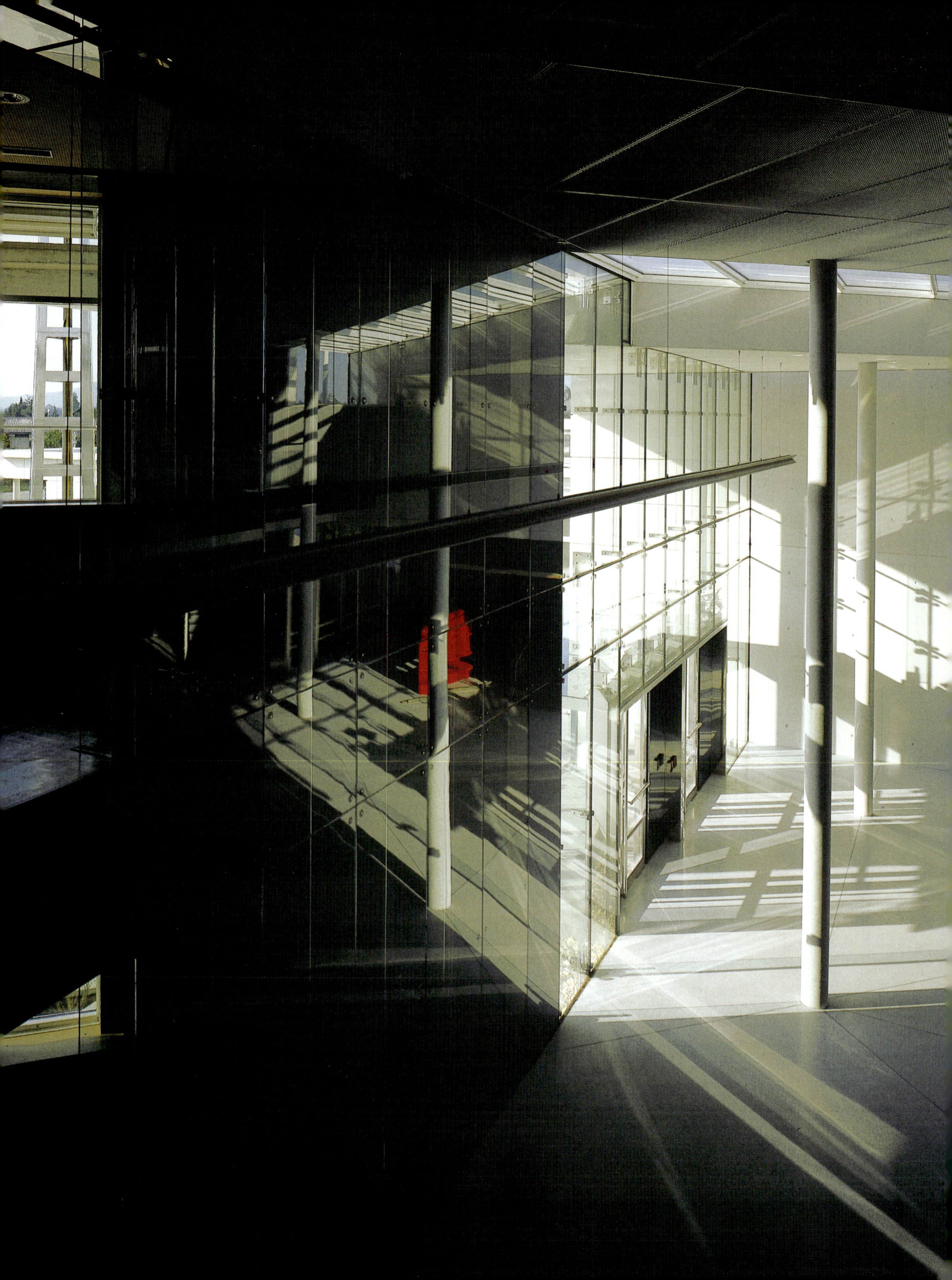

**Erschließungsgang des Obergeschosses mit Galeriebereich zur Eingangshalle**
Upper floor access corridor with gallery area over the entrance hall

**Gläserner Lift in der Halle**  Glass lift in the hall

**links: Fortführung der äußeren
Glasfassade des Eingangs im Inneren der Halle**

left: Continuation of the external
glass entrance façade inside the hall

## FLORIDO PLAZA IN WIEN  FLORIDO PLAZA IN VIENNA

Nur wenigen Architekten gelingt es, in mitteleuropäischen Breiten den Traum vom Hochhaus umzusetzen, zumal Umweltbedingungen und die Konfiguration der städtischen Kernzonen zumeist dagegenstehen. Die ökonomische Verwertung von Grundstücken spricht hingegen eine andere Sprache. Aus diesen Gründen wollte ein privater Investor in Wien-Floridsdorf prüfen, welche Standortqualitäten sein Grundstück diesbezüglich aufweist und lud zum Gutachterverfahren. Das Grundstück nahe der Donau am Beginn der Brünnerstraße, einer der Ausfallstraßen Wiens Richtung Nordosten, veranlaßte Ernst Giselbrecht dazu, ein Hochhaus zu planen, das in den breiteren Untergeschossen, dem eigentlichen Sockelbereich, für ein multifunktionales Geschäftszentrum Platz bietet, in den Obergeschossen aber ein Hotel beherbergt. Neben diesem ökonomischen Anliegen waren die städtebaulichen Bedingungen entwurfsprägend, und dabei in erster Linie die Nähe zur Donau, also die Beziehung zum Wasser. An einer über die Hälfte des Gebäudes schräggestellten Glaswand, wohinter sich Erschließungslobbies, Konferenzräume, interne Passagen befinden, sollte das Donauwasser herabfließen. Neben der sinnlichen Komponente, die Wasser immer darstellt, war für diese Konstruktion vor allem der Gedanke der Anreicherung des Donauwassers mit Sauerstoff maßgeblich und als entscheidender Nebeneffekt die Kühlung der Glasfassade. Über dieser schrägen Glaswand erheben sich die nach hinten hinausgeschobenen Lifttürme, eingespannt zwischen jeweils zwei Tragscheiben, von denen die Geschosse abgehängt sind. Der feine Schwung der Westfassade deutet in seiner Verlängerung zum Zentrum Wiens und stellt so den übergreifenden städtischen Bezug her.

Very few architects succeed in implementing the high rise dream in European latitudes, especially as environmental conditions and the configuration of urban core zones are usually unsuitable. But the economic exploitation of building land speaks a different language. For this reason a private investor in the Vienna district of Floridsdorf wanted to investigate the siting qualities his plot offered in this context and commissioned an expert report. The plot is near the Danube at the beginning of Brünnerstraße, one of the main roads out of Vienna to the north-east, and it led Ernst Giselbrecht to plan a high-rise building that provided enough room for a multi-functional business centre in the wider lower storeys, the actual base area, but with a hotel in the upper storeys. The urban conditions affected the design, as well as these economic requirements, and first of all here the proximity to the Danube, in other words the relationship with the water. The waters of the Danube were to flow down a glass wall placed diagonally over half the building, and behind it are access lobbies, conference rooms and internal passages. As well as the sensual component that water always represents, the key thought behind this structure was to enrich the waters of the Danube with oxygen, and a crucial side effect was cooling the glass façade. The lift towers, thrust out to the back, rise above this diagonal glass wall, in each case fitted in between tow supporting sections from which the floors are suspended. The gentle curve on the west façade points to the centre of Vienna in its extension, thus creating the all-embracing urban link.

Bauherr / Client: Investgruppe
Projektteam / Project team: DI Wolfgang Ellmaier
DI Zsolt Gunther
Andreas Ganzera
Gutachten / Appraisal: 1993

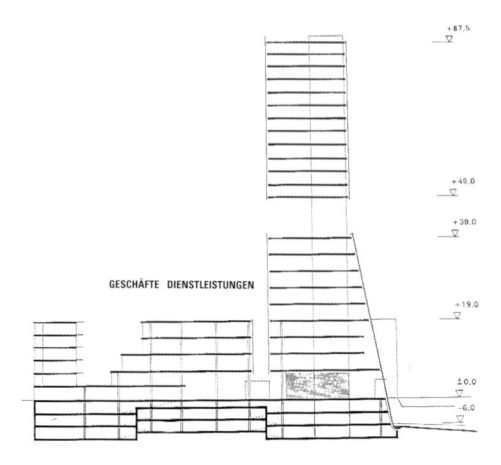

**Querschnitt** Cross section

**Lageplan** Site plan

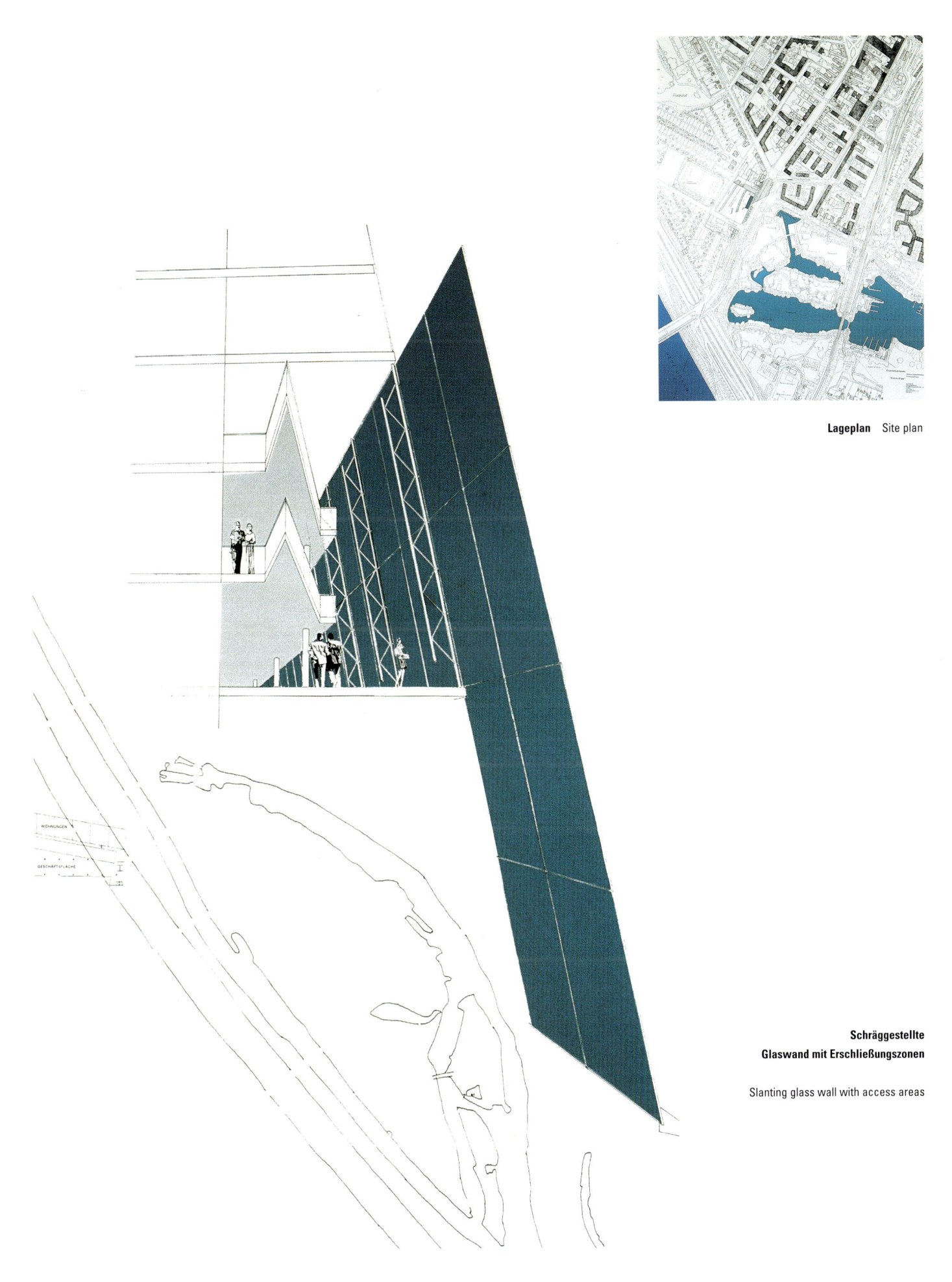

**Schräggestellte
Glaswand mit Erschließungszonen**

Slanting glass wall with access areas

43

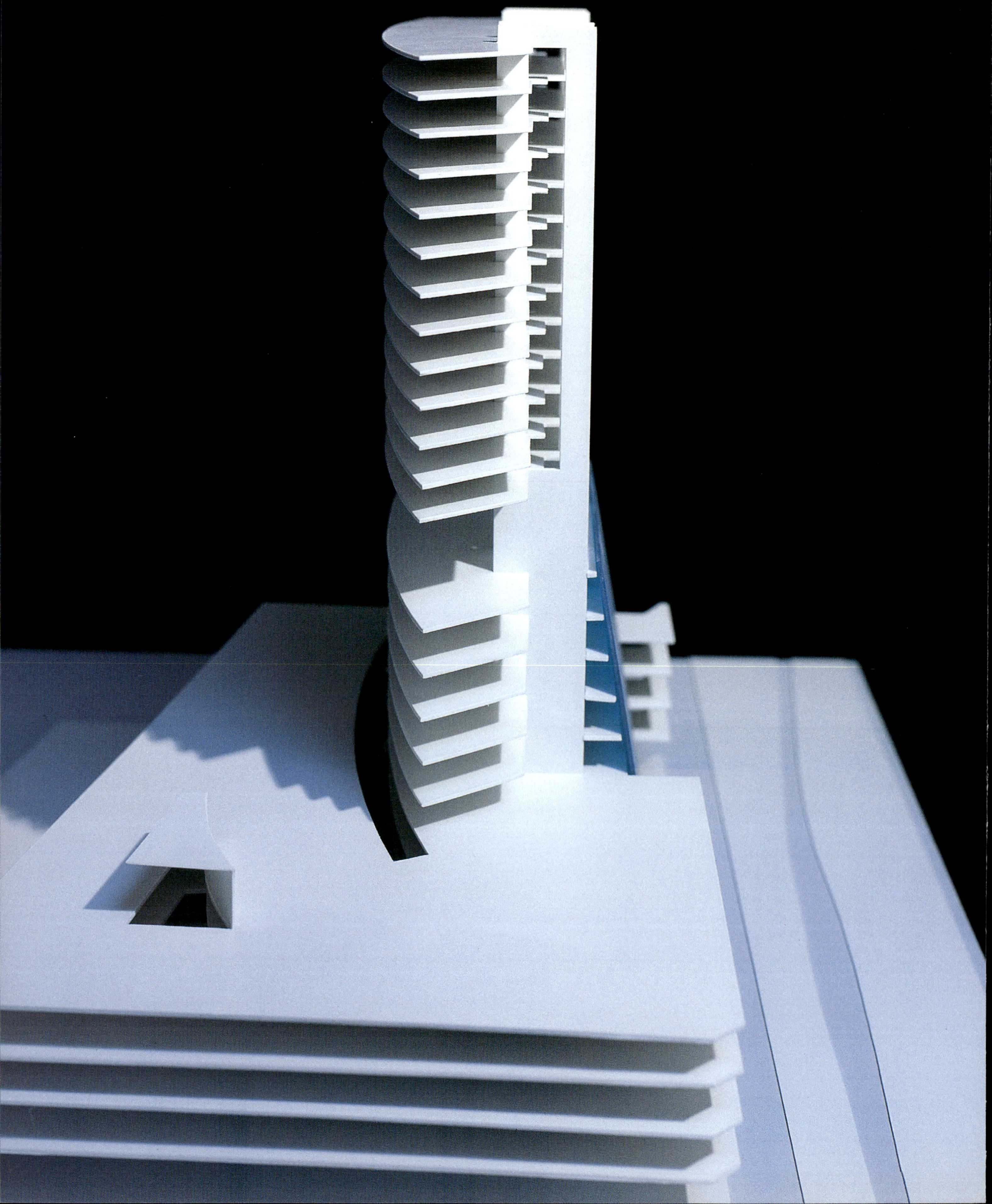

**Die Modellfotos stellen die unterschiedlichen Gebäudezonen dar:**
**Sockelzone mit Geschäftsnutzung und dem darüber befindlichen Hotelbereich**

The model photographs represent the various zones of the building:
Base zone for commercial use with the hotel above it

**Weicher Schwung der Hauptfront**
Gently curving main façade

**Auf der Rückseite die schräggestellte Glaswand, über die das Wasser der Donau fließt**
At the back is the slanting glass wall over which the waters of the Danube flow

**Bildsubstanzen** Pictorial Substance

**Bildbeschwörung** Pictorial Invocation

**Bildstörung** Pictorial Disturbance

# Bildsubstanzen
# Bildbeschwörung
# Bildstörung

Die Aufgabe jeder architektonischen Leistung ist neben dem Gebrauchswert die Zurüstung im emotionalen Bereich, die Schaffung von Bildsubstanzen, die, mythisch-realen Ursprungs, vor allem unsere Sinne ansprechen. Diese Anforderung, ein durchaus künstlerischer Prozeß, verläuft in einer optischen Dominanz, die sich mit bereits vorhandenen Bildwelten ein Netz der Analogien aufbaut.

Architektur kann ihre starke Verbundenheit zur Stofflichkeit nicht leugnen. Der Bildaufbau selbst, ein Davor, ein Dahinter, ein Rechts und Links, oben und unten, wird erst durch die Gegenständlichkeit zur Definition. Auch ihr liegt die optische Relevanz als erster Eindruck zugrunde. Architektur ist Bildwelt, die im Streben nach dem adäquaten Äußeren ihre Erscheinungsform verändern, hinterfragen, neu adaptieren kann. Das Arbeiten mit Bildsubstanzen ist prozessualer Ausgangspunkt jeder architektonischen Schöpfung. Die Idee als solche, und erst dann Farben, Formen, Oberflächen sind die augenfälligsten Attribute. Gute Architekturen verstehen es, in diesem Sinn starke Eindrücke zu hinterlassen.

Architektonische Bildwelten sind in der Regel vom Gebrauchswert vordefiniert; wie sehr sie in analoger Weise vom Nutzer faßbar werden, hängt ab vom Grad der jeweiligen Einstimmung aufeinander und auf das Medium als solches. Solange die gebaute Struktur noch in direkter Umsetzung von der visionär-gedanklichen erfolgt, ist eine komplexe Lösung zu erwarten, eine Lösung der Polyvalenz, ohne daß die Anschaulichkeit zum Gewohnheitsbild oder zur Symbolik der Rückblende verkommt. Dort angesiedelt, ist die Frage nach dem richtigen Bild auch eine Frage nach der inneren Einstellung. Eine philosophische Frage, den inneren energetischen Schwingungen räumlicher Wirklichkeiten auf der Spur ohne äußere strukturelle Scheinzwänge. Leider werden architektonische Bildqualitäten zu oft nur im gleißenden Gegenlicht der Funktionalität überprüft. Zumeist verglühen dort die feinen Spuren der Sinnlichkeit.

Architektonische Bildsubstanzen sind aus der realen wie virtuellen Welt gar nicht mehr wegzudenken. Es erfüllen sich Rückkoppelungsprozesse. Gebaute Architektur ist Abbild gezeichneter und erdachter Bilder; entstandene Realität, die in ihrer Umsetzung den Beginn für neue, visionäre Bildsequenzen mitträgt. Das Resultat bietet zwischen beschwörender Symbolkraft und störender Wirkung eine spannende Bandbreite. Ein Risiko?

Nicht ganz, denn auch die Bildstörung als solche kann – zum architektonischen System hochstilisiert – eine signifikante Aufgabe übernehmen. Es geht nicht darum, ins Elitär-Künstlerische abzugleiten, oder einfache Strukturen zu intellektualisieren und sie dadurch ihrem Bedeutungszusammenhang, dem essentiellen Element gebauter Welten, zu entreißen. Die Nutzbarkeit, das soziale Engagement, der menschliche Auftrag wird immer Anliegen guter Architektur bleiben. Ihre Verdeutlichung, ihre präzise räumliche Umsetzung, muß gerade im hochqualifizierten Standard zur Bildstörung gängiger Allgemeinplätze werden. Das Arbeiten an Architektur kann demnach kein Arbeiten am Objekt im eigentlichen Sinn bleiben, sondern bedeutet auch Arbeiten am „Vorher" und „Nachher".

# Pictorial Substance
# Pictorial Invocation
# Pictorial Disturbance

**...** **F: Soll nun unser Haus so aussehen wie ein Schlafwagen oder ein Schiff?**
**S: Nein.**
**F: Wie denn?**
**S: Wie ein Haus.**

**...** F: Should our house look like a sleeping car or a ship?
S: No.
F: Like what then?
S: Like a house.

**Josef Frank**

It is the task of every architectural achievement, alongside utility value, to affect us emotionally, to create pictorial substances which, mythically real in origin, appeal above all to our senses. This requirement is a thoroughly artistic process, and proceeds in a state of visual dominance that builds up a network of analogies for itself, using pictorial worlds that are already available.

Architecture cannot deny its close attachment to materiality. The very way in which the picture is built up, something in front, something behind, something on the right and something on the left, top and bottom, is defined only through objective reality. It too is based on visual relevance as a first impression. Architecture is a pictorial world that can change, question and re-adapt its appearance as it strives for appropriate external form. Working with pictorial substances is the processual starting-point for every architectural creation. First the idea as such, and only then are colours, forms, surfaces the most striking attributes. In this sense good architecture knows how to leave powerful impressions.

Architectural pictorial worlds are as a rule defined in advance by utility value; the extent to which they are analogously comprehensible to the user depends on the degree to which they are in tune with each other and with the medium as such. As long as the built structure proceeds by directly implementing the visual and intellectual structure, a complex solution is to be expected, a polyvalent solution; clarity will not degenerate into a habitual image or into the symbolism of the flashback. In precisely this context, the question about the right picture is also a question about inner attitudes. A philosophical question, trying to find out how the internal energy of spatial realities oscillates, with no external structural illusory compulsions. Unfortunately architectural pictorial quality is all too often examined only against the glare of functionality. Fine traces of sensuality usually burn out there.

It is impossible to imagine either the real or the virtual world without architectural pictorial substance. Links are recreated. Built architecture is a copy of drawn and invented pictures; reality that has come to life, which, when implemented, helps to create a beginning for new, visionary pictorial sequences. The result is an exciting range between the extremes of vivid symbolic power and disturbing effects. Risky?

Not entirely, because pictorial disturbance as such can – built up into an architectural system – take on a significant task. It is not a matter of slipping off into the realm of the élitist and artistic, or of intellectualizing simple structures and thus tearing them out of their context of significance, the essential element of built worlds. Usefulness, social commitment and the humane obligation will always be of concern to good architecture. If they are to be clarified and precisely implemented in spatial terms, it must be by disturbing current commonplaces pictorially, especially when the highest standards are to be met. Thus working on architecture cannot remain working on the object in the actual sense, but it also means working on "before" and "after".

## „HOLZZEIT"
### Landesausstellung in Murau

## "HOLZZEIT"
### Regional Exhibition in Murau

Für die steirische Landesausstellung 1995 wurde ein Rundweg am Mur-Ufer entlang konzipiert, an dem in verschiedenen Pavillons grundsätzliche Aspekte der Holzentwicklung und Holzverarbeitung präsentiert wurden. Zudem konnte auch der konstruktive Holzbau – in Verbindung mit modernem Stahlbau und anderen Werkstoffen – an Hand dieser von mehreren Architekten entworfenen Ausstellungsräume studiert werden. Ernst Giselbrecht selbst gestaltete das Flugdach am Eingang der Anlage. Eine auf achtzehn Stützen ruhende Überdachung ohne sichtbare Querträger überspannte eine nahezu fünfzig Meter lange Ausstellungsplattform. Die Rückwand bildete eine rote, nach vorne leicht geschwungene Vitrinenwand, halbhoch, die wie untergeschoben wirkte. Auch die Kassenbox war hier untergestellt. Die Vorderfront blieb gänzlich offen. Es war prinzipielles Anliegen, die raumbildenden Teile wie Dach, Bodenplatte, Stützen voneinander unabhängig und frei lesbar aufzustellen und dem temporären Charakter in autonomer Fügung der konstruktiven Teile gerecht zu werden. Neben dem Flugdach wurde die Abbundhalle, die Ernst Giselbrecht für die Zimmererschule des Ortes projektierte, als Ausstellungshalle genutzt, in der die pflanzliche Holzentwicklung von Wurzel bis Baumkrone raumfüllend dargestellt werden konnte. Das Gebäude selbst diente als Anschauungsbeispiel für konstruktive Holzverbindungen, zumal die Fachwerksträger nach außen hin nur mit Glaselementen gedeckt sind, um den freien Blick auf die Konstruktion zu gewähren. Die Trennung konstruktiver und umhüllender Elemente, die leichte Lesbarkeit der Struktur, die Eigenständigkeit der Teile nach ihrer wesenseigenen Aufgabe war auch dabei oberste Maxime. Auch die Rantenbachbrücke war Teil der Ausstellung.

For the 1995 Styria regional exhibition a circular walk was designed on the banks of the Mur, along which fundamental aspects of timber development and processing were to be presented in various pavilions. In addition structural building in timber – combined with modern building in steel and other materials – could be studied in the light of these exhibition spaces designed by various architects. Ernst Giselbrecht designed the flying roof at the entrance to the complex. A roof element on eighteen supports without visible transverse beams covered an exhibition platform that was almost fifty metres long. The rear wall was formed by a red showcase wall, curving slightly forwards, at half-height, and looking as though it had been shoved under the roof. The ticket sales window was under this as well. The principal aim was to erect the space-creating sections like roof, floor slab, and supports as independently from each other and as intelligibly as possible and to do justice to the temporary character in autonomous assembly of the structural parts. As well as the flying roof, the trimming hall, which Ernst Giselbrecht had projected for the town's carpentry school, was used as an exhibition hall, in which the vegetable development of timber from root to the crown of the tree could be presented in a way that filled the space. The building itself served as an illustrative example of structural timber connections as well, especially as the frame beams on the outside are covered only with glass elements, so that the structure was left freely visible. The separation of structural and covering elements, the ready intelligibility of the structure, the independence of the parts according to their own particular function was also the principal concern here. Rantenbach Bridge was also part of the exhibition.

| | |
|---|---|
| Bauherr / Client: | Steiermärkische Landesregierung |
| Projektteam / Project team: | DI Kuno Kelih, Gernot Bittlingmaier |
| Wettbewerb und Planung Abbundhalle / Competition and design trimming hall: | 1988/89 |
| Fertigstellung / Completion: | 1992 |
| Rantenbachbrücke, Flugdach / Bridge, flying roof: | 1994/95 |

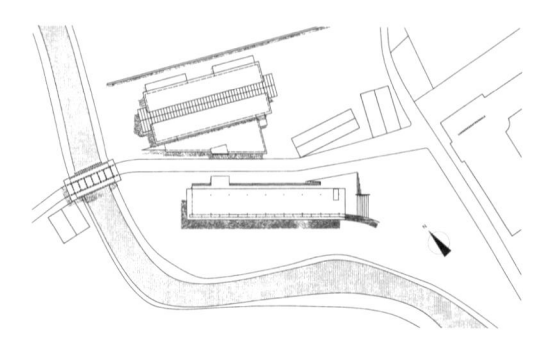

Lageplan   Site plan

ANSICHT REGAL

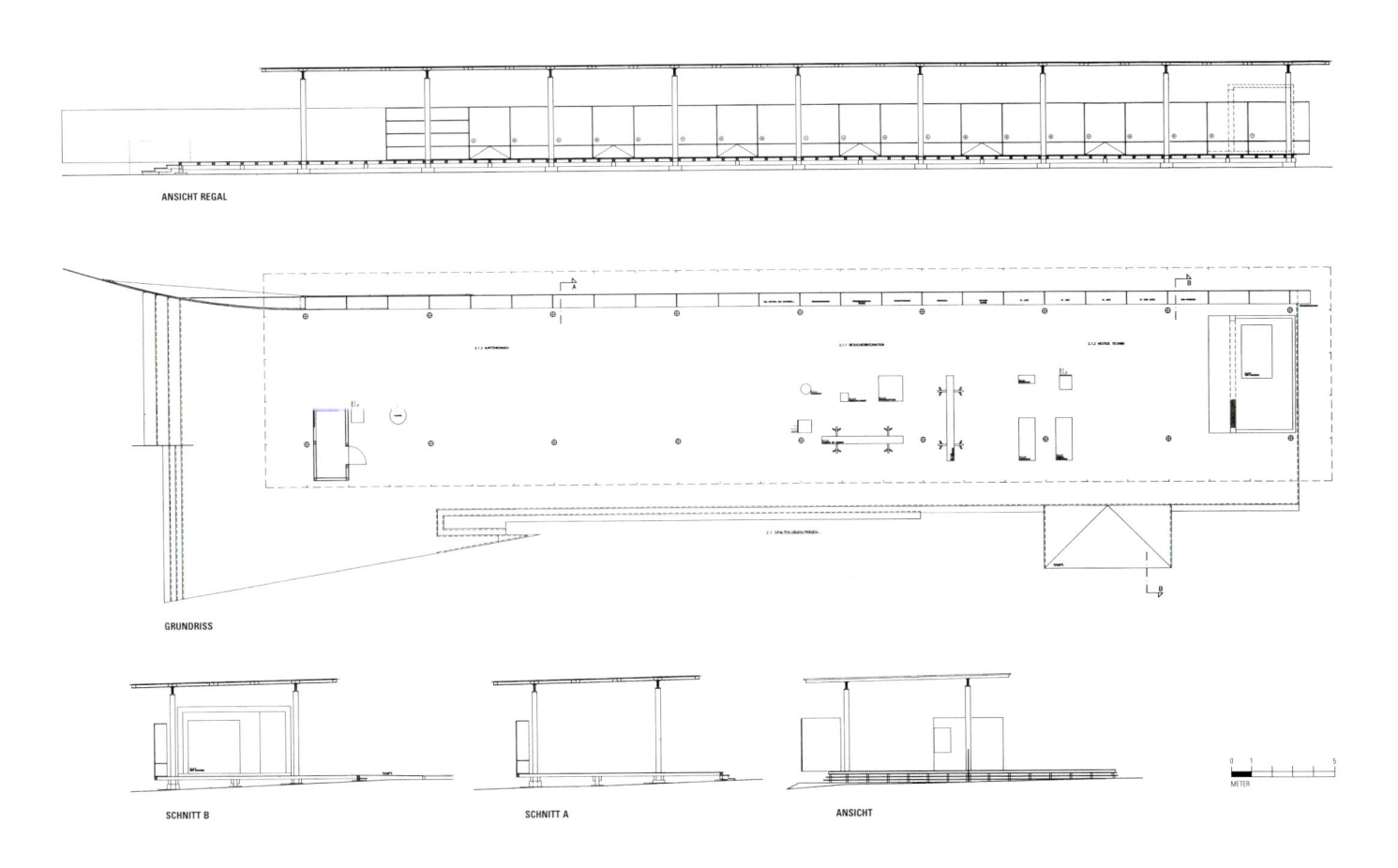

GRUNDRISS

SCHNITT B    SCHNITT A    ANSICHT

**Ansicht, Grundriß und Schnitte des Flugdaches für die Ausstellungseingangszone**  Elevation, ground plan and sections of the jutting roof over the exhibition entrance zone

**Längsseite der Ausstellungsplattform mit Flugdach**  Long side of the exhibition platform with jutting roof

51

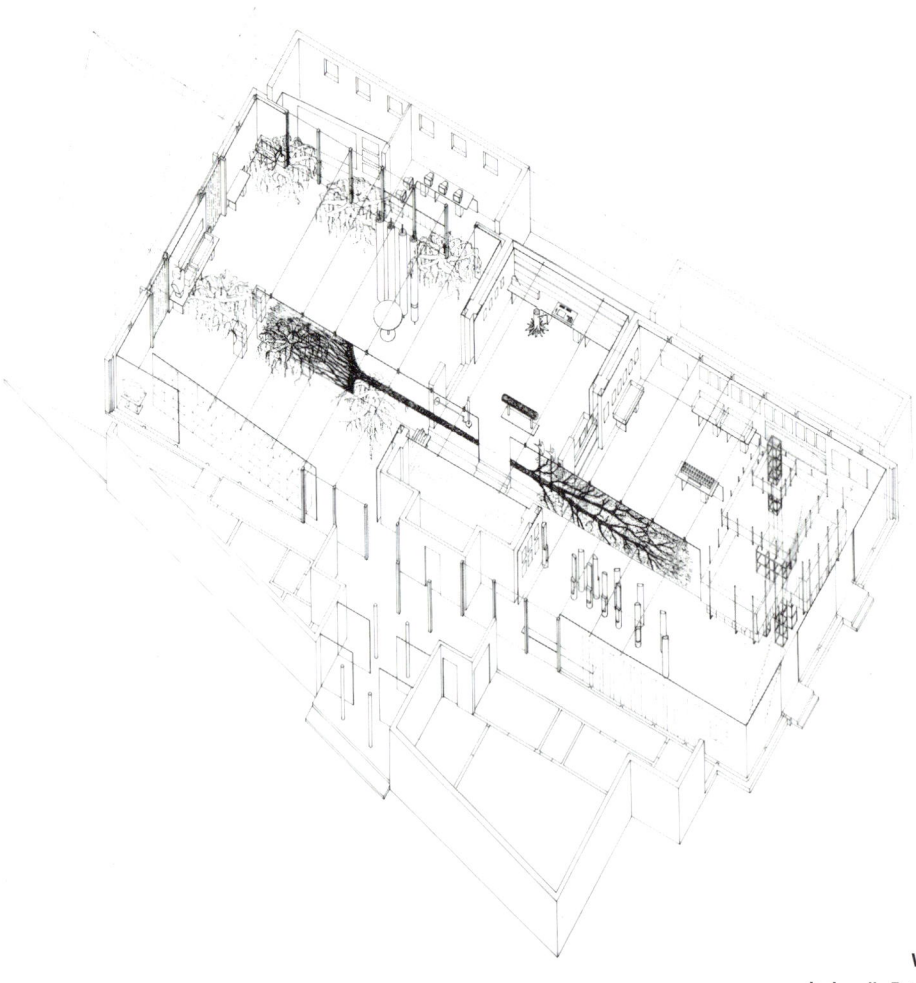

**Verschiedene Bereiche der Abbundhalle als Ausstellungsraum,
in dem die Entwicklung des Baumes von Wurzel bis Krone dargestellt wurde.**

Various areas in the trimming hall as exhibition space
in which the development of a tree from root to crown is presented.

**Blick in die Dachkonstruktion
der Abbundhalle mit gläserner Überdachung**

View into the roof structure
of the trimming hall with glazed roofing

53

**In mehreren Ausstellungspavillons wurden von der Werkstoffbeschaffenheit – der Veränderung unter Witterungseinfluß oder bei Brand – bis zur Werkstoffnutzung in der Möbel- und Textilienerzeugung oder der Schnitzkunst vielfältigste Aspekte des Themas Holz dargestellt.**

A very wide variety of the aspects of wood were shown in several exhibition pavilions from its qualities as a material – the way it changes with weathering or fire – to its use in furniture and textile manufacture or in the art of carving.

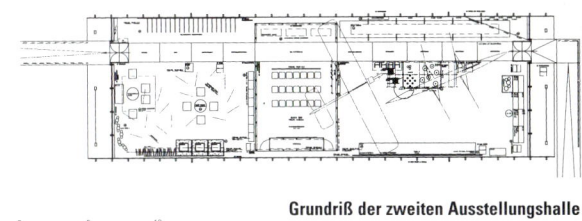

**Grundriß der zweiten Ausstellungshalle**
Floor plan of the second exhibition hall

## „MENSCHEN, MÜNZEN, MÄRKTE"
### Landesausstellung Judenburg

## "MENSCHEN, MÜNZEN, MÄRKTE"
### Regional Exhibition in Judenburg

Die steirische Landesausstellung in Judenburg 1989, „Menschen, Münzen, Märkte", war dem Thema Handel, Wirtschaft und nicht zuletzt dem Geld und vielen damit verbundenen Mythen gewidmet. Der architektonische Ausdruck dessen erfolgte gleich zu Beginn der Ausstellung in monumentaler Form über eine Keilplastik im Hof des ehemaligen Jesuitenklosters, das als Ausstellungsort vorgesehen war und das durch diese Intervention ein neues Erschließungskonzept erhielt. Diese verspiegelte Plastik sollte die einschneidende Rolle, die das Geld in unserem Leben spielt, symbolisieren. Der Keil wurde mit vier Stelen erweitert, die die verschiedenen Aspekte der Macht und des Reichtums versinnbildlichten, wie zum Beispiel die mythische, die religiöse, die erotische Facette des Geldes. An diesem Merkzeichen vorbei führen Stufen ins Untergeschoß, die in einer glasüberdeckten, viertelkreisförmigen Vorhalle münden, von wo aus die Ausstellungsräume zu betreten sind. Diese Vorhalle ist als Platz für Vorträge, als Ort für die Versammlung von Besuchergruppen oder für Theaterveranstaltungen eingeplant. In der Ausstellung selbst wurden nun in chronologischer Abfolge die vielfältigen Entwicklungsstufen des Handels und des Geldes im Laufe der Jahrhunderte dargestellt, sowie der Einfluß des verkehrstechnischen Fortschritts auf die wirtschaftliche Progression. Dem gestalterischen Konzept gemäß, das als Rundgang durch zwei Geschosse des Klosters konzipiert war, wurden die Wände in den Untergeschossen roh belassen, im Obergeschoß weiß ausgemalt und die Böden mit schwarzem Gußasphalt versehen. Eine sachlich schlichte Ausstellungsarchitektur mit fein strukturierten Glasvitrinen oder dunklen Paravents als ruhiger Hintergrund für die Exponate ergänzten kontrastreich die einfachen räumlichen Vorgaben der alten Bausubstanz.

The 1989 Styria regional exhibition in Judenburg, "Menschen, Münzen, Märkte" (People, coins, markets) was dedicated to the subject of trade, commerce, and not least to money and the myths associated with it. The architectural expression of this happened right at the beginning of the exhibition with a wedge-shaped sculpture in the courtyard of the former Jesuit monastery that was intended to house the exhibition and that acquired a new access concept from this intervention. This mirror-surfaced sculpture was intended to symbolize the far-reaching role played by money in our lives. The wedge was extended by four steles representing the various aspects of power and wealth, like for example the mythical, religious and erotic facets of money. Steps lead past this symbol into the basement, ending in a glazed vestibule in the shape of a quarter circle, from which the exhibition rooms can be reached. This vestibule is intended to be used for lectures, as an assembly-point for groups of visitors or for theatrical events. The exhibition itself shows a chronological sequence of the various development stages of trade and money over the centuries, and also the influence made by the progress of transport technology on economic development. In accordance with the design concept, which foresaw a round tour through two floors of the monastery, the walls in the basement floors were left untreated and the floors covered with black asphalt. The simple space provided by the old building stock was effectively complemented by plain, neutral exhibition architecture with finely structured glass showcases or dark screens as a peaceful background to the exhibits.

| | |
|---|---|
| Bauherr / Client: | Steiermärkische Landesregierung |
| Projektteam / Project team: | DI Werner Kircher |
| Wettbewerb / Competition: | 1988 |
| Planung / Design: | 1988/89 |

**Glasüberdachung des neuen Theater- und Eingangsbereichs im Hof des Jesuitenklosters**
Glazed roof for the new theatre and entrance area in the courtyard of the Jesuit monastery

**Vier verspiegelte Stelen als Symbol
für die verschiedenen Aspekte von Macht und Reichtum**

Four mirror-surface steles
symbolizing the various aspects of power and wealth

**Die Spiegelung als Sinnbild der Scheinwelten,
die oft mit Reichtum aufgebaut werden.**

Reflection as a symbol of the worlds of appearance
that are often built up by wealth.

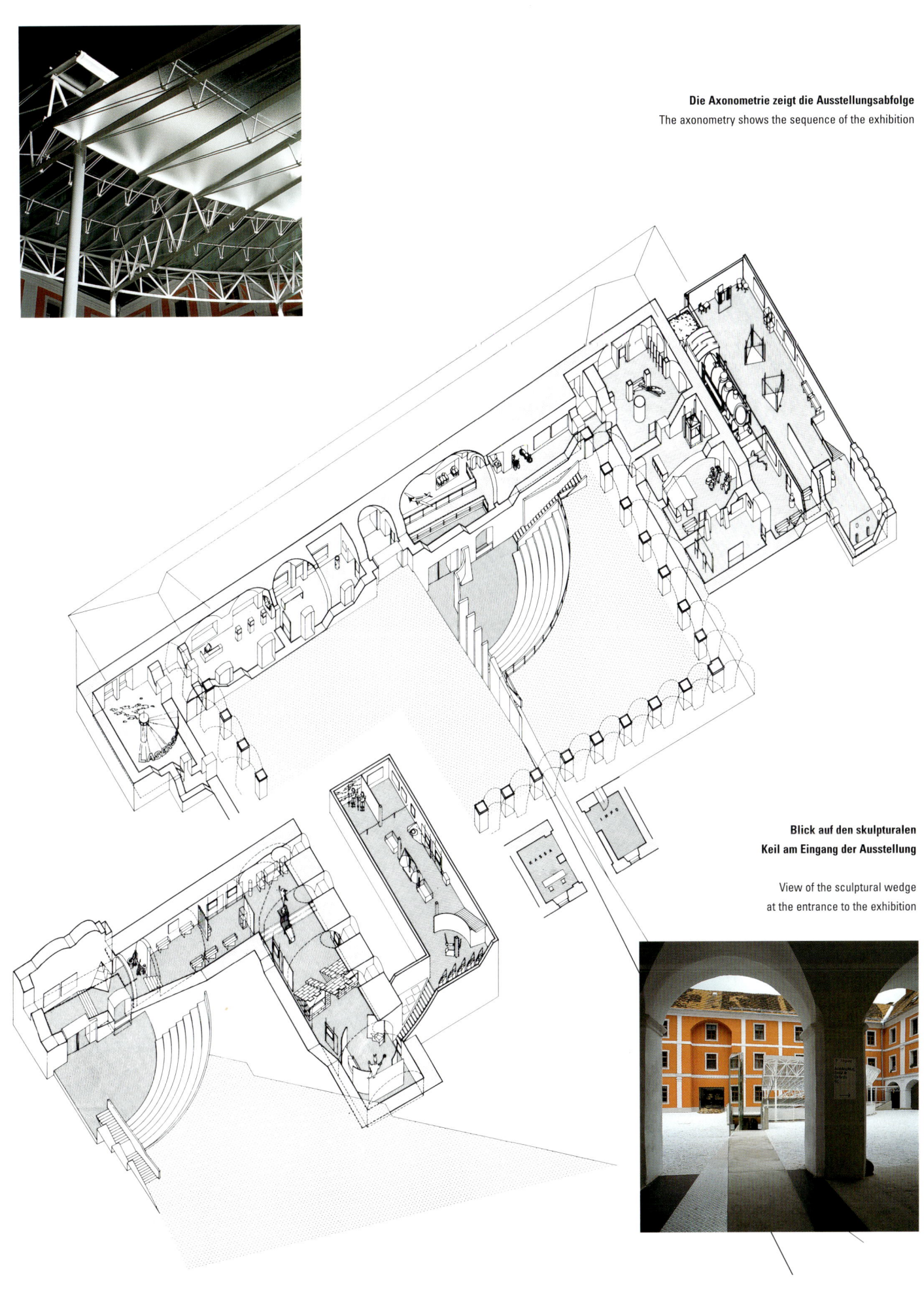

**Die Axonometrie zeigt die Ausstellungsabfolge**
The axonometry shows the sequence of the exhibition

**Blick auf den skulpturalen Keil am Eingang der Ausstellung**

View of the sculptural wedge
at the entrance to the exhibition

59

**Glasvitrinen und Paravents aus dunkel lasierten Spanplatten bildeten das Ausstellungskonzept.**
Glass showcases and screens made of dark-varnished chipboard are the basis of the exhibition concept.

61

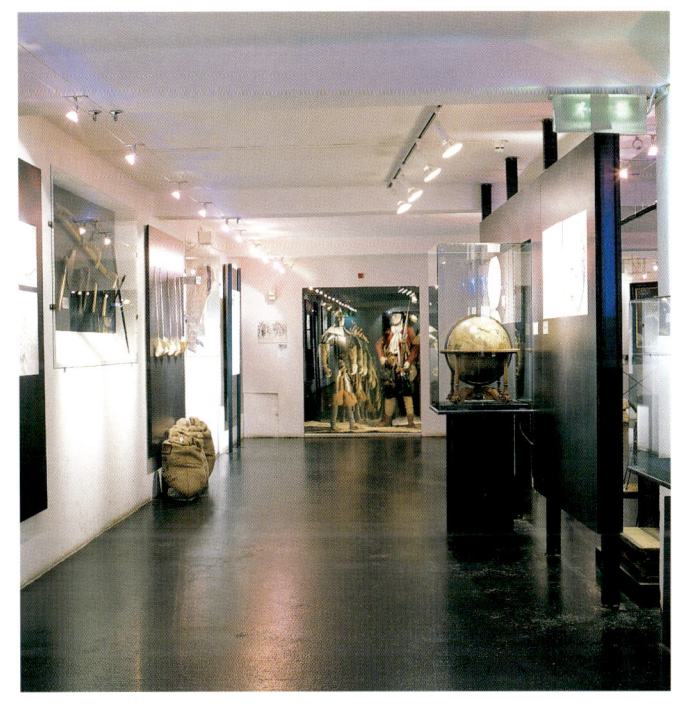

**In chronologischer Abfolge wurde die Entwicklung des Handels und parallel dazu die des Geldes und der Münzprägung präsentiert.**
The development of trade and in parallel that of money and the minting of coins are presented in chronological order.

63

## SCHLOSS SEGGAU

## SCHLOSS SEGGAU

Das Schloß Seggau soll als Seminarzentrum umgebaut werden. Dazu erscheint es notwendig, über die historische Bausubstanz ein Strukturschema zu spannen, das alle Notwendigkeiten umfaßt, flexibel genug, um losgelöst vom Gesamten auch in Teilbereichen realisierbar zu sein. Daher soll auch die Zuordnung neuer Funktionen ohne beträchtliche Eingriffe in den Altbau vonstatten gehen. Eine Maßnahme in diesem Sinn ist die Unterbringung des Küchentrakts sowie der Technikzentrale, also von hochtechnisierten Räumen, in einem Neubau. Dieser ist an der Eingangszone im Osten so ins Gelände gesetzt, daß erstens die vorhandene Parkplatzsituation beibehalten werden kann, und zweitens der Zugangsbereich optisch nicht essentiell verändert wird. Ebenso wird das bestehende desolate Hallenbad abgerissen und durch einen modernen Zubau, einen neuen Bettentrakt, ersetzt. Die notwendigen Neubauten sollen in ihrer Ausformulierung der strukturellen Entwicklung des Altbestands angelehnt sein, dabei aber eine zeitgemäße architektonische Interpretation liefern. Die Eingangszone im alten Schloß ist mit einer großzügigen Rezeption und den notwendigen modernen Liftanlagen versehen. Im Anschluß daran, Richtung Norden sind ein großer Fest- und Speisesaal sowie die Hauskapelle situiert, Richtung Südosten liegt der Brennertrakt, der als Restaurant auch extern geführt werden kann. Im Funktionskonzept wurde neben der Behindertengerechtigkeit vor allem auf Übersichtlichkeit geachtet. Das Erdgeschoß ist demnach den allgemeinen Erschließungs- und Aufenthaltsfunktionen vorbehalten, die Obergeschosse hingegen den Zimmertrakten, die mit eigenen Speiseräumen gekoppelt sind. Besonderes Augenmerk wurde auch auf die Nutzungsmöglichkeiten der Hof- und Gartenanlagen gelegt, die den Seminarteilnehmern zur Freizeitgestaltung dienen.

Schloß Seggau is to be converted into a seminar centre. This is to be achieved by stretching a structural scheme over the historic building substance that will include everything that is needed, flexible enough to be detached from the overall plan and realized in smaller sections. For this reason too new functions should be allotted without major interference with the old building. One measure to be taken in this sense is the accommodation of the kitchen wing and the technology centre, in other words highly specialized rooms, in a new building. This is placed on the site at the entrance area in the east in such a way that first of all the existing parking facilities can be retained and secondly the access area is not essentially changed visually. Equally the existing, wretchedly inadequate indoor swimming pool is to be pulled down and replaced by a modern extension, a new bedroom wing. The new buildings will be devised in relation to the structure of the old building stock, but will provide a new, 20th-century interpretation. The entrance zone in the old palace has a spacious reception area and the necessary modern lifts. Connected with this to the north are a large ball- and dining-room and the chapel. To the south-east is the Brenner wing, which can also be operated as a restaurant by outside caterers. Appropriate facilities for the handicapped were a key feature of the function concept, coupled above all with clarity of layout. The ground floor is thus retained for general access and public functions, while the upper floors are retained for rooms with their own dining areas. Particular attention was also paid to the courtyards and gardens, which will be available to seminar participants for leisure activities.

**Bauherr** / Client: Diözese Seckau
**Projektteam** / Project team: Gernot Bittlingmaier
**Wettbewerb** / Competition: 1996

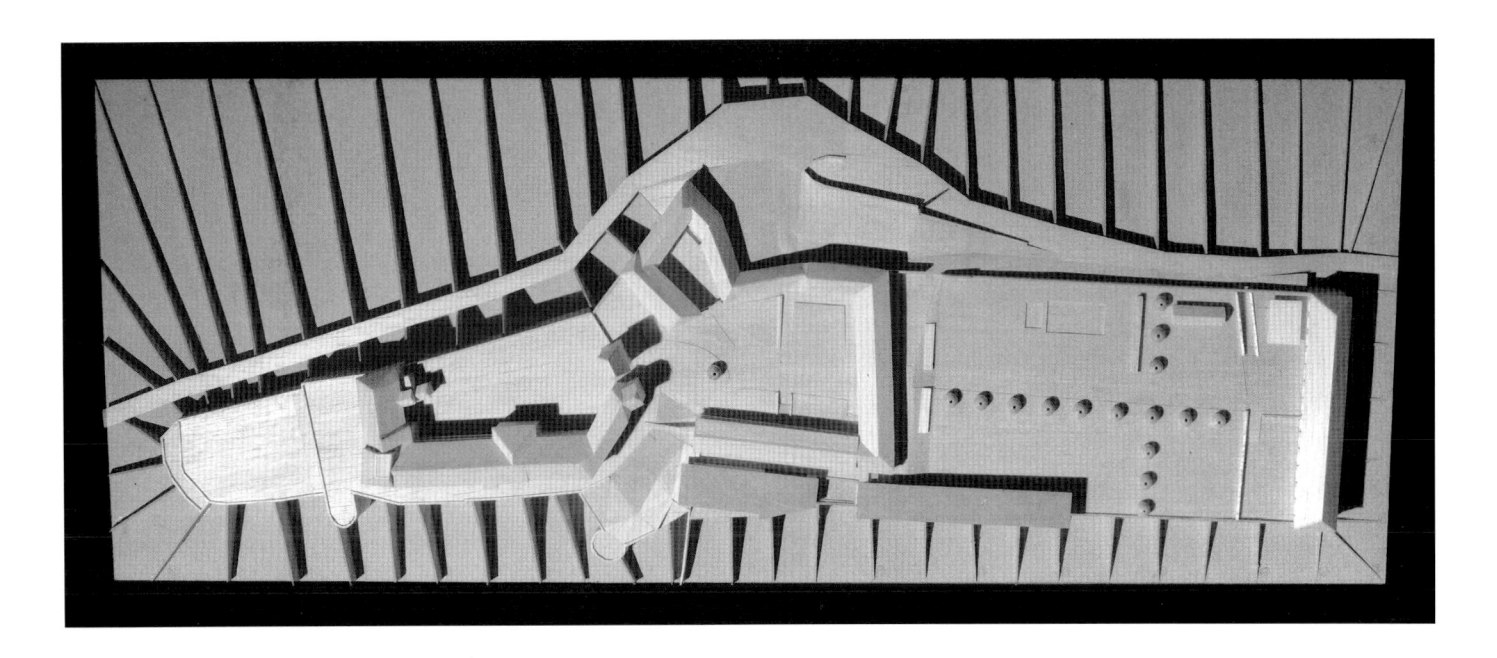

**Das Modellfoto gibt einen Überblick über die Gesamtanlage mit oberem und unterem Schloß sowie den Neubauten.**
The model photograph shows the whole complex with the upper and lower palace and the new buildings.

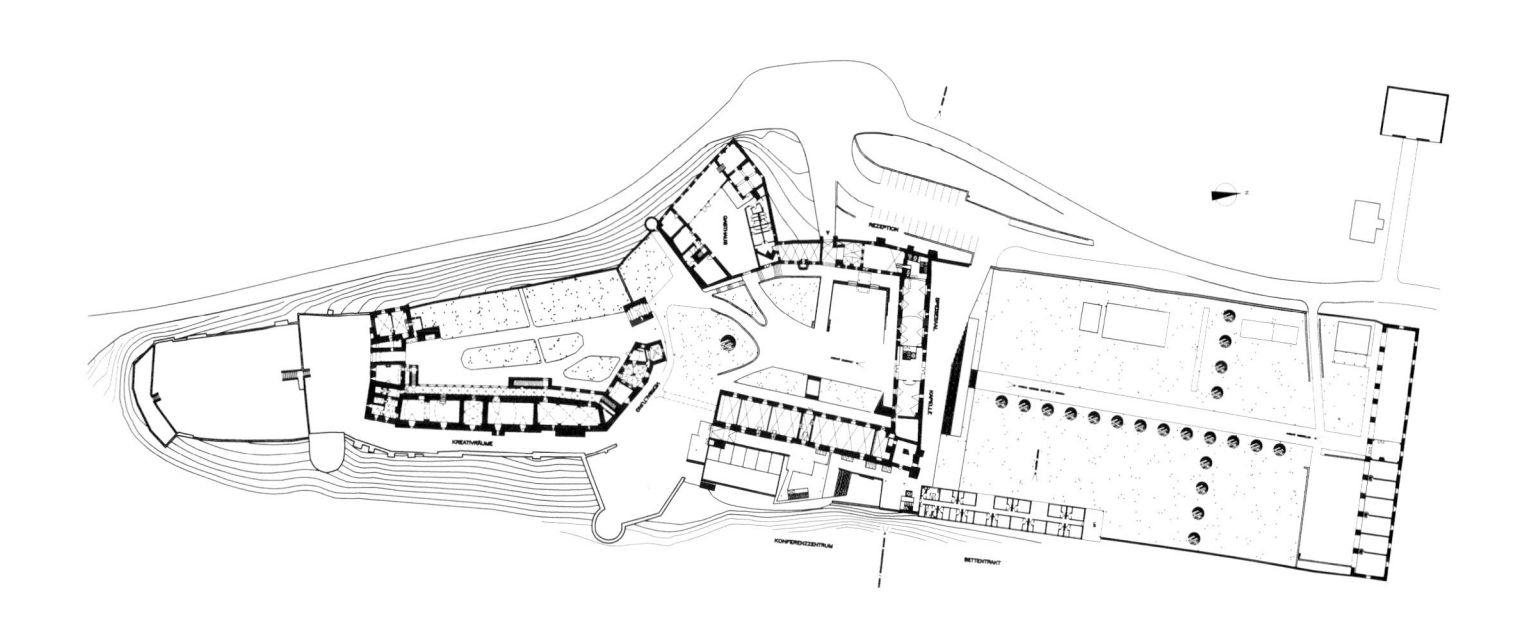

**Grundriß der Gesamtanlage**  Floor plan of the whole complex

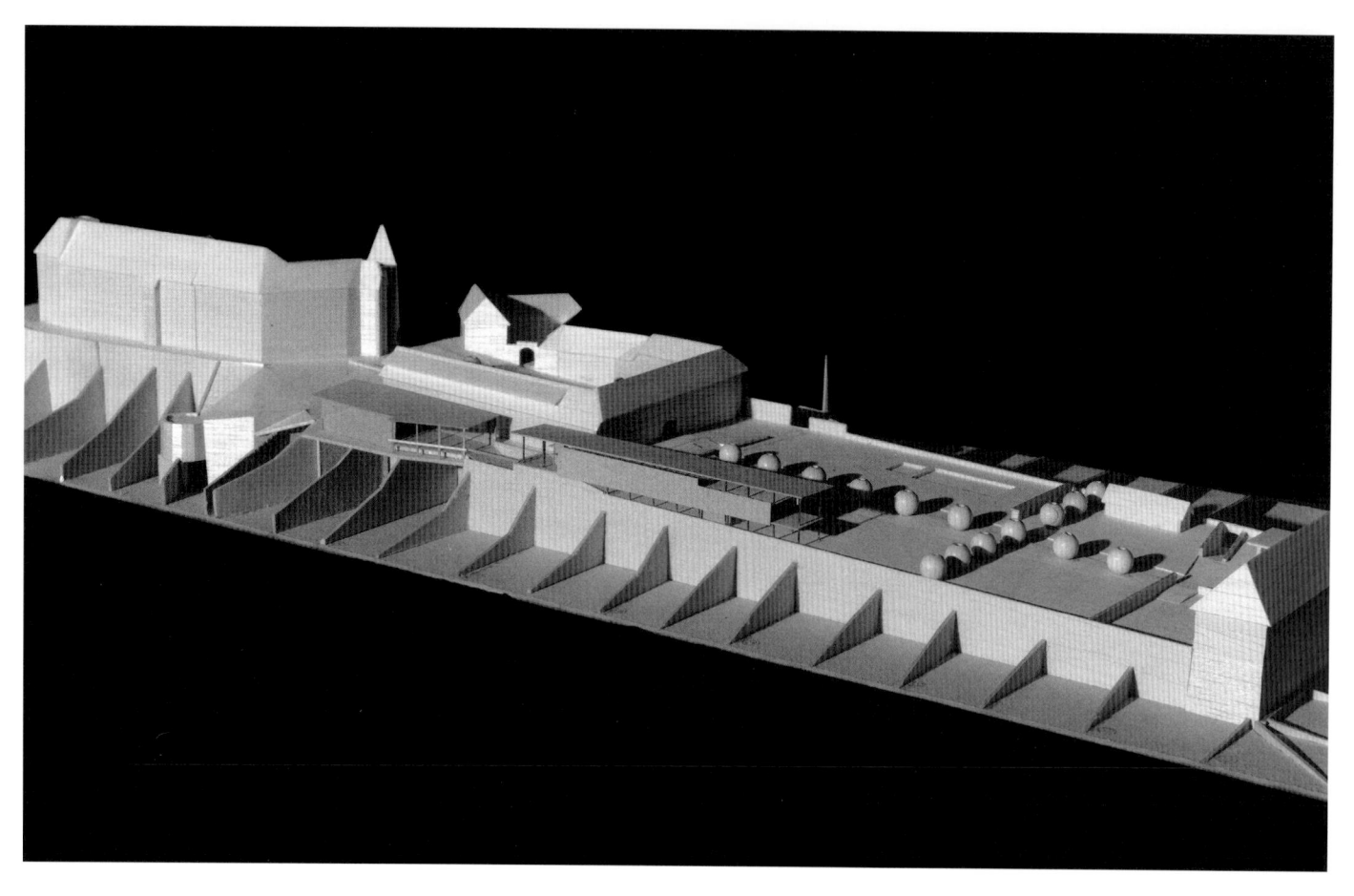

**Ostansicht mit neuem Bettentrakt**   East view with the new residential wing

**Westansicht mit Haupteingang und neuem Küchentrakt, eingefügt in die Geländeböschung**   West view with main entrance and new kitchen wing, fitted into the bank in the site

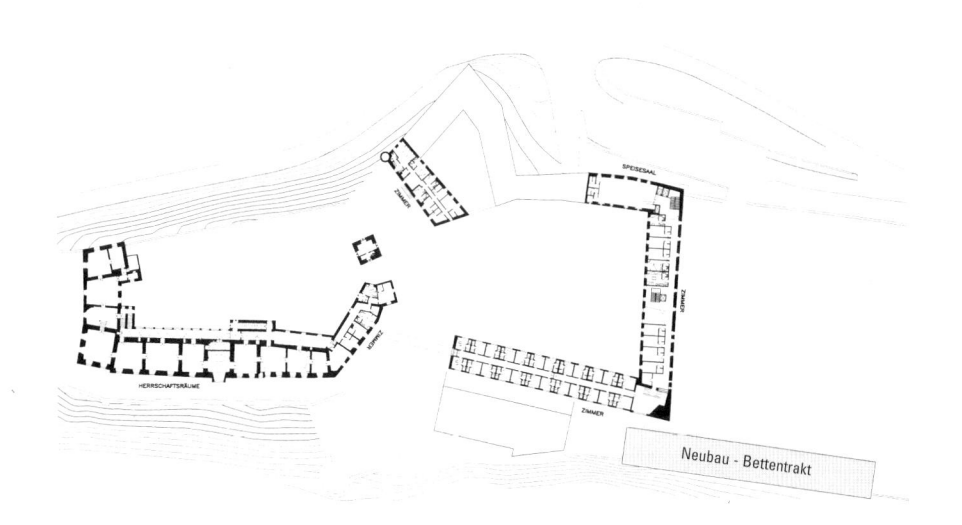

**Grundriß 2. Obergeschoß**
Second floor plan

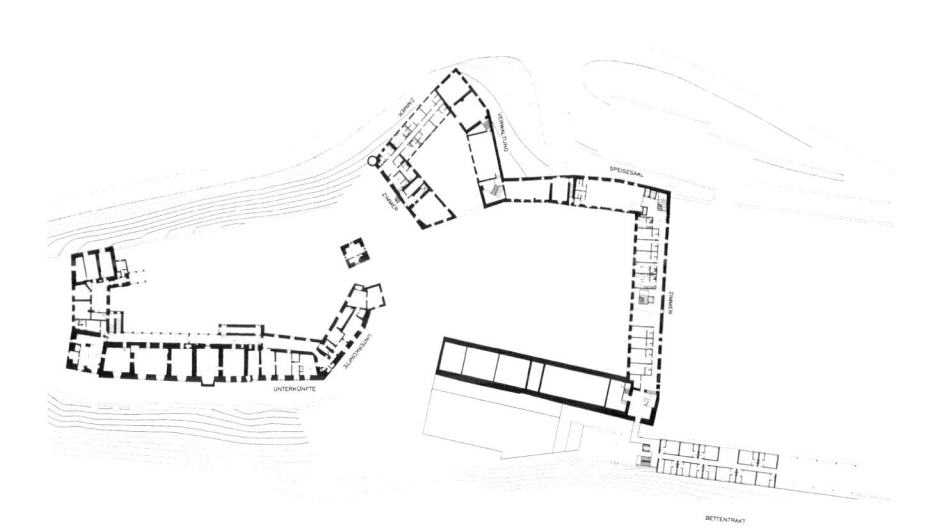

**Grundriß 1. Obergeschoß**
First floor plan

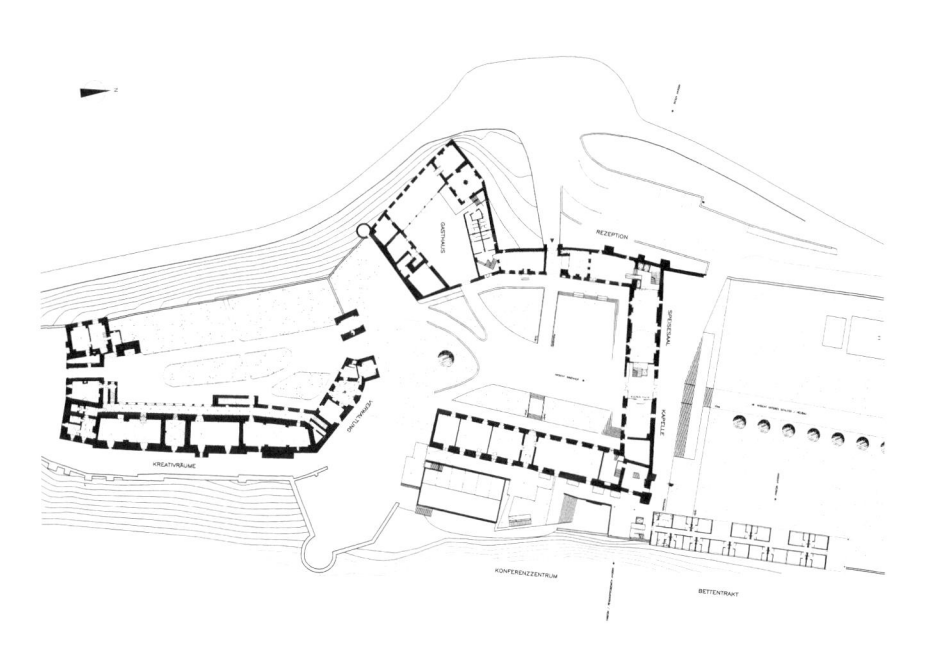

**Grundriß Erdgeschoß**
Ground floor plan

## BAHNSTATION KAINDORF    KAINDORF RAILWAY STATION

Der Bau der HTBLA in Kaindorf (siehe Seiten 34 - 41) zog auch die infrastrukturelle Erweiterung des Gebietes nach sich. So entschlossen sich die ÖBB, eine Bahnstation nach den Entwürfen von Ernst Giselbrecht neben der Bundeslehranstalt zu errichten, zumal die Bezugnahme auf das Schulgebäude und die Einheitlichkeit von Schule und Bahnstation auch als entscheidendes Planungskriterium zur Diskussion stand. Seitens der Betreiber wurde rechts und links der Bahntrasse jeweils ein langgestreckter Betonsockelbaukörper errichtet, über die Ernst Giselbrecht zwei einfach strukturierte Glashäuser setzte. Das eigentliche Konstruktionsgerüst der Glashülle besteht aus Stahlrahmen im Abstand von zwei Metern. Auf diese Rahmen sind schmale Querträger geschweißt, um die Glastafeln zu verankern und diese in einem gewissen Abstand vor die Stahlkonstruktion zu stellen. Die Befestigung der Glasfelder erfolgt in den Fugen, die sich durch die Abschrägung der Glaskanten ergeben. Sie sind mit schwarzem Silikon ausgefüllt und zeichnen die feine Querstreifung dieser Hülle. Über diesem Rahmenwerk sitzt die eigentliche Dachkonstruktion. Auch hier kommen Glasplatten zum Einsatz. Zur Innenseite hin bilden Sperrholzplatten den Abschluß nach oben. Die Betonsockel umgrenzen den Warteraum und die einläufige Treppe, die zum unterirdischen Fußgängertunnel führt. An diesem Sockel sind auch die hölzernen Sitzbänke montiert. Den Ausgang hinüber zur Schule ergänzt ein Vordach. Es ist ein kleines Bauwerk, das seine schützende Aufgabe nicht in verdeckender sondern in offener, transparenter Weise übernimmt. Es werden mit einfachen Mitteln und dem Vermögen heutiger Bautechnologie fast spielerisch beherbergende, umhüllende Aspekte mit der Sichtfreigabe in Korrelation gebracht, ohne das architektonische Repertoire überzustrapazieren.

The Higher Technical Federal School in Kaindorf (see pages 34 - 41) also led to infrastructural development in the area: Austrian Railways decided to build a station designed by Ernst Giselbrecht next to the school, particularly because the relation to the school building and the unity of school and railway station was also under discussion as a crucial planning criterion. The railway operators built a long concrete base structure to the right and left of the railway track, above which Ernst Giselbrecht placed two simply structured glass buildings. The actual structural framework of the glass envelope consists of steel frames two metres apart. Slender transverse supports are welded on to these frames, in order to anchor the glass panels and hold them at a certain distance from the steel structure. The panes of glass are fastened in the joints produced by the bevelling of the glass edges. They are filled with black silicon and underline the fine transverse stripe effect of this structure. The actual roof structure sits on top of this framework. Here too panes of glass are used. On the inside sheets of plywood form the upper conclusion. The concrete bases enclose the waiting-room and the single flight of steps that leads to the underground pedestrian tunnel. The wooden benches are also mounted on this base. The exit leading to the school has a canopy. This is a small building that protects in a way that is open and transparent, rather than by closing things off. Simple means and the resources of modern building technology are used to correlate almost playfully protective, covering aspects with a totally open view, without putting excessive strain on the architectural repertoire.

| | |
|---|---|
| **Bauherr** / Client: | Österreichische Bundesbahnen |
| **Projektteam** / Project team: | Andreas Moser |
| **Planung** / Design: | 1993 |
| **Bauzeit** / Execution: | 1993-1994 |

**Die beiden gegenüberliegenden gläsernen Wartebereiche**  The two glazed waiting areas, facing each other

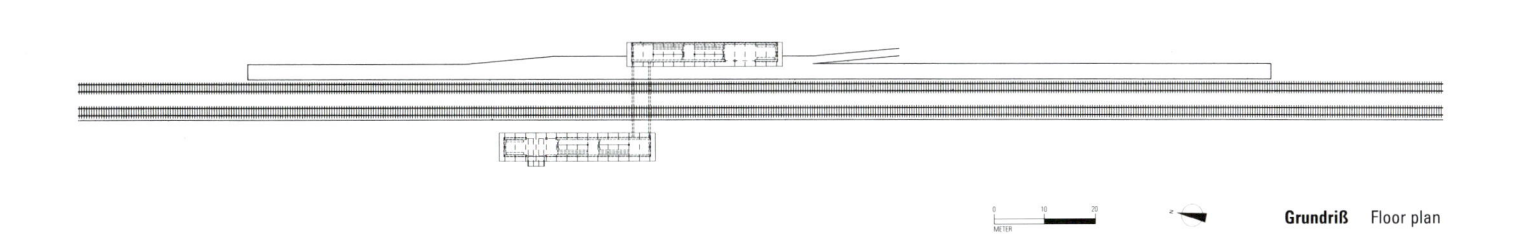

**Grundriß**  Floor plan

**Fassadenschnitt**
Section through the façade

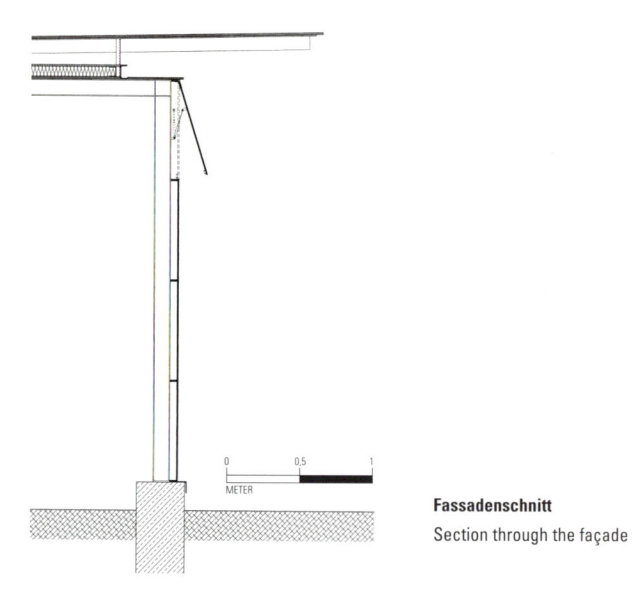

**Auf einem Betonsockel aufsitzende weiße Stahlträger mit außenliegenden Glastafeln als Umhüllung der Wartezone mit auskragenden gläsernen Dächern.**
White steel girders on a concrete base with external glass panes as an envelope for the waiting area with protruding glazed roofs.

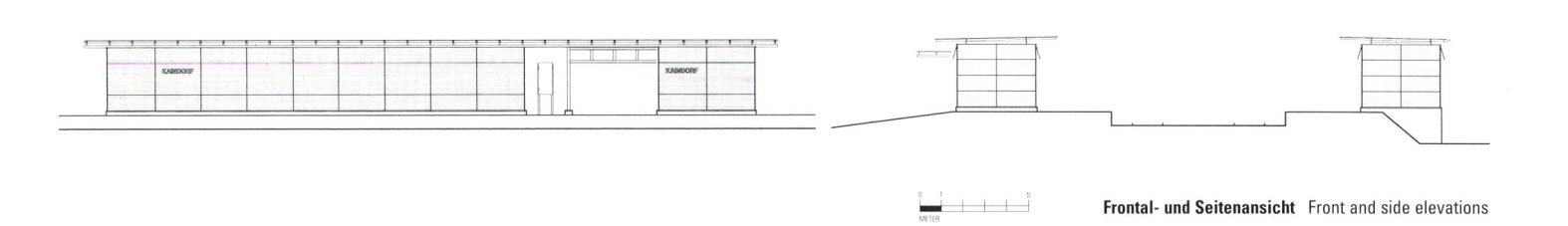

**Frontal- und Seitenansicht**  Front and side elevations

**Typologische Ideenskizzen**
Typological Idea Sketches

# Typologische Ideenskizzen

Erfassen, einengen, Grenzen ausloten, einem Gedankenmuster folgend, das seinen Anfang im Fragmentarischen und Rudimentären nimmt. Ein seltsames Unterfangen, wo doch architektonische Zusammenhänge vermeintlich so klar abzustecken und die Parameter der Notwendigkeit hinlänglich bekannt sind.

Arbeiten am architektonischen Entwurf ist ein Bewegungsprozeß zwischen Variablen und Invariablen, die in ihrer Plazierung zu Antworten mit typologischen Merkmalen führen. Das heißt, daß architektonische Anforderungen ähnlichen Funktionsschemen unterliegen, die in ähnlich strukturierter Weise auch gelöst werden können. Das ist die Basis, die nicht zu leugnen ist. Nicht die eklektizistische Anwendung aus dem Repertoire ist damit gemeint, sondern das Bewußtsein eines „Darüberhinaus", das seinen Ausgang im Spektrum analoger Fragestellungen unter Berücksichtigung eines Basiswissens nimmt. Der Entwurfsprozeß versteht sich demnach in der Variation der Notwendigkeit nicht im Bedienen automatischer Antwortspektren, sondern im Aufwerfen neuer Fragestellungen. Je konsequenter dieser Prozeß durchgeführt wird, desto komplexer werden die Lösungen sein.

Es geht um die Dialogfähigkeit, die kommunikative Essenz. Die ökonomischen Bindungen sind ohnedies sehr straff. Hier kann nur die uneingeschränkte Fragestellung, das Ergründen des Wesentlichen, ein bißchen Luft schaffen. Vielleicht ist es sogar ein Vorgang des Abtauschens, indem Raummuster und ihre Wertigkeiten genau durchleuchtet, einem Prozeß der Dechiffrierung unterzogen werden. Räumliche Szenarien sind ja ursprünglich zweidimensionale Bildflächen, eine verbalisierte und skizzierte Gedankenwelt, eine Wunschvorstellung der Zweckmäßigkeit, ein Spielraum, der nicht notwendigerweise im gleichen Abbild erstehen muß. Es ist sogar besser, diese Bilder von ihrer Vorsätzlichkeit zu befreien, was dann zu Lücken führt. Genau dort ist die Marginalie anzuschreiben, die zu subtileren Konzepten strebt.

Typologische Phänomene erzeugen Erkennbarkeiten. Es stellen sich Sinnhaftigkeit und Brauchbarkeit sowie historische Verankerung als Wegweiser ein. Die Ebene der Verständigung, die Dialogfähigkeit verlangt nach einer gemeinsamen Sprache. Die Typologie ist ein hilfreicher Angelpunkt, wobei für den Architekten die Aufbereitung und Veränderung, die sprachliche Differenzierung, die sublime Transformation, die aphoristische und zeitliche Skizzierung und das Eintauchen in die Ungewöhnlichkeit zum Vokabular gehören. Dem steht oft das „Know-how" des Nutzers entgegen.

In der Architektur ist die Basis der Verständigung nicht in erster Linie das Wort. Das Verbindende und auch das Trennende beginnt in der räumlichen Sequenz, im „dort" und „da" und nicht im „so ist". So gibt es eigentlich keine Zuschauer und Akteure, sondern nur Beteiligte. Und diese Beteiligung verläuft in parallelen Ebenen, vielleicht schablonenhaft, aber immer in freier Rollenzuteilung, ausgehend vom eigenen Vermögen, sich dem räumlichen Zwang zu widersetzen oder hinzugeben. Raum ist Schauplatz, der seine Eigengesetzlichkeit mit ins Spiel bringt; auch die Imagination. Das Beziehungsgeflecht, die Teilnahme bewegt sich im fragmentarischen Aufblitzen von Bekanntem, im Anklang an die funktionelle Erfordernis, in einem typologischen Rahmenwerk, wenn man so will, einem weiteren strukturellen Hilfsmittel, in das die individuelle räumliche Ambition facettenreich einzugliedern ist.

# Typological Idea Sketches

**...**     Sobald die Architekten erkennen, daß ein Gebäude über sein eigenes Leben verfügt, ändert sich ihre Methode des Entwerfens.

Recording, restricting, establishing boundaries, following a thought pattern that has its beginning in things that are fragmentary and rudimentary. A strange undertaking, when architectural contexts are supposedly so easy to define, and the parameters of necessity are adequately known.

**...**     As soon as architects recognize that a building has a life of its own their design method changes.

**Rafael Moneo**

Working on an architectural design is a process of moving between variables and invariables; placing them leads to answers that have typological characteristics. This means that architectural requirements are subject to similar functional schemes that can also be solved in a similarly structural way. That is a basis that cannot be denied. It is not eclectic applications from the repertoire that are meant here, but the awareness of a "beyond" that starts in the spectrum of analogous questions, taking basic knowledge into account. Thus the design process, when devising variations on necessity, does not perceive itself as needing to provide an automatic spectrum of answers, but as needing to bring up new questions. The more consistently this process is carried out the more complex the solutions will be.

It is a question of being able to engage in dialogue, the essence of communication. Economic obligations are always very rigorous. Here only unrestricted questioning, fathoming of the fundamental, can create a little breathing space. Perhaps it is even a process of exchange, by which spatial patterns and their valencies are precisely illuminated and subjected to a decoding process. Spatial scenarios start by being two-dimensional pictorial areas, a verbalized and sketched-out world of thoughts, a wishful notion of functionality, an area of room for manoeuvre that does not have to emerge from copying the same thing. It is even better to liberate these images from their intentionality, which then leads to gaps. It is precisely there that a marginal note striving for more subtle concepts can be written.

Typological phenomena create things that are recognizable. Meaningfulness and usefulness, and also historical anchoring begin to appear as signposts. The plane of understanding, the ability to be involved in dialogue, requires a common language. Typology is a helpful central issue. Here preparation and change, linguistic differentiation, sublime transformation, aphoristic and time-based sketching, and plunging into the unusual are all part of the architect's vocabulary. The user's "know-how", however, often is an obstruction.

In architecture, words are not the principal basis for making oneself understood. What combines and also what divides begins in the spatial sequence, in "here" and "there", and not in "it is like this". Thus there are actually no spectators and actors, but only participants. And this participation runs on parallel lines, perhaps in a stereotyped way, but always with roles freely assigned, based on one's own ability to resist or succumb to spatial compulsion. Space is the scene that brings its own inherent laws into play; also imagination. The tissue of relations, the element of participation, operates by fragmentary flashes of the familiar, in harmony with the functional structuring, in a typological framework, if you like, another structural medium into which individual spatial ambition has to be integrated in a many-faceted way.

## WOHNBAU ESG    ESG RESIDENTIAL BUILDING

Mit öffentlichen Förderungsmitteln zu bauen, bedeutet immer, sich im Genre zwischen Unfinanzierbarkeit und Experiment zu bewegen und in diesem Pendelschlag etwas zu schaffen, das lebensgerecht ist. Die Konzentration auf die Raumfolge wird daher zum Hauptthema, das im Wohnbau seine Reihung und Wiederholung erfährt und in dieser Rhythmisierung das Gebäude systematisiert. Grundlage ist eine Typologie, die dem allen standhalten kann. Beim Wohnbau in Graz wird aus einem Maisonettetyp ein gerader Riegel mit durchgesteckten spiegelgleichen Wohnungen, einer auskragenden Laubengangplatte und zwei danebengestellten, einfach-verglasten Treppentürmen entwickelt. Die Eingangsebene ist als Wohn-Küchenebene ausgebildet, den Obergeschossen sind jeweils zwei Schlafräume vorbehalten. Möglich ist auch die Einteilung des Wohngefüges auf einer Ebene, was am nördlichen Ende praktiziert wurde. Einfache Grundrisse, einfache Fassaden vermitteln nach außen Geradlinigkeit und Strenge. Erst im Inneren werden die Raumqualitäten wirksam. Die leichten Treppenläufe, die nach oben hin verglasten Sanitärbereiche, die wie Boxen hineingestellt den Gesamtraum nicht trennen wollen, und vor allem die in den Baukörper eingeschnittenen zweigeschossigen Loggien. Ein Trick, der erstens die allgemein übliche Verdunkelung der Loggienzone effizient verbessert und zweitens das Betrachten des „Eigenen" von oben ermöglicht, also eine Art Einfamilienhauseffekt bietet. Die raumhohen Verglasungen unterstützen ihrerseits die helle Transparenz und die Öffnung der Wohneinheit nach außen. Die einzig spielerische Komponente stellen die wie Schwerter vor die Westfassade ragenden Stahlträger dar. Auf Schienen können hier die Fensterelemente hinausgeschoben werden, ein Signal des Zufalls, dem Lebensrhythmus parallel laufend.

Building with public funds always means operating somewhere between experiment and the unaffordable, and creating something that is worth living in within these extremes. Thus concentration on the spatial sequence became the principal theme: a set of series and repeats systematizes the building with the rhythm that it imposes. The basis is a typology that can stand up to all this. In the residential building in Graz the maisonette type develops into a straight building with mirror-image homes thrust through it, a protruding slab with an exterior corridor and two simply glazed staircase towers placed alongside. The entrance level is used for living-space and kitchen, and there are two bedrooms on the upper floors. It is also possible to divide the living structure on one level, which was done at the northern end. Simple ground plans and simple façades convey a sense of straight lines and austerity to the outside world. It is only in the interior that the spatial qualities become effective. The light flights of stairs, the sanitary areas, glazed at the top, which are placed like boxes to avoid breaking up the space as a whole, and above all the two-storey loggias cut into the building. A trick that first of all efficiently improves the usual darkening of the loggia area and secondly means that one's "own property" can be viewed from above, in other words offers a kind of detached house effect. For its part, the room-high glazing contributes to the high level of transparency and helps to open up the home units to the outside. The only playful component are the steel girders towering up in front of the west façade like swords. Here the window elements can be pushed out on rails, signalling chance and running in parallel with the rhythm of life.

| | |
|---|---|
| Bauherr / Client: | Gemeinnützige Eisenbahnsiedlungs-Genossenschaft Villach |
| Projektteam / Project team: | DI Alois Juschitz, Christian Deimel |
| Statik / Structural analysis: | DI Johann Birner |
| Planung / Design: | 1990/92 |
| Fertigstellung / Completion: | 1994 |

**Blick in die Loggienbereiche**
View into the loggia areas

**Detail der schwertartigen
Tragkonstruktion der nach außen schiebbaren Verglasungen**

Detail of the sword-like
support structure of the glazing, which can be pushed outwards

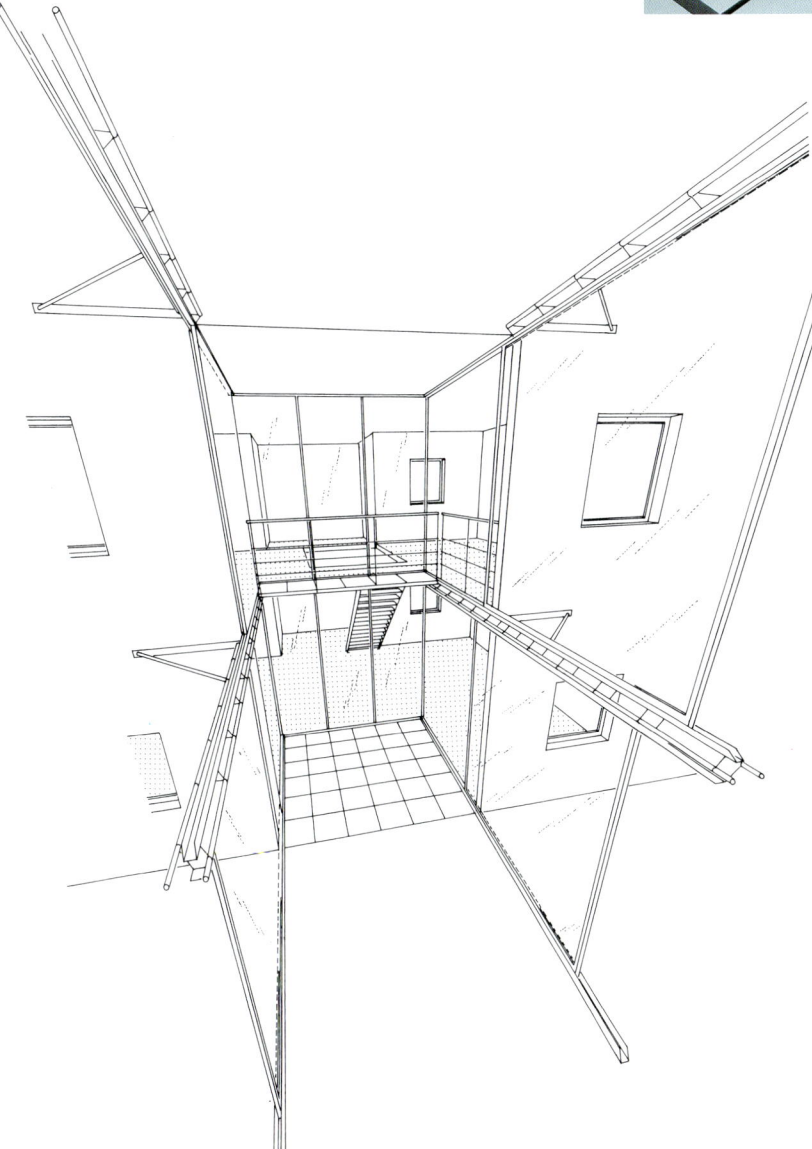

**Perspektive** Perspective

77

rechts: **Südfassade**
right: South façade

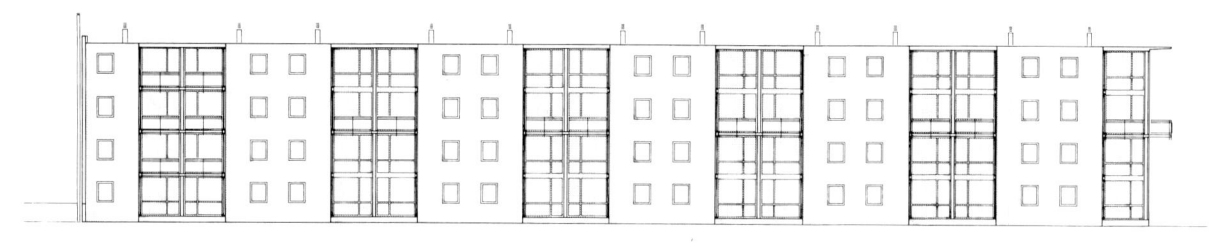

**Ansicht von Westen**   West elevation

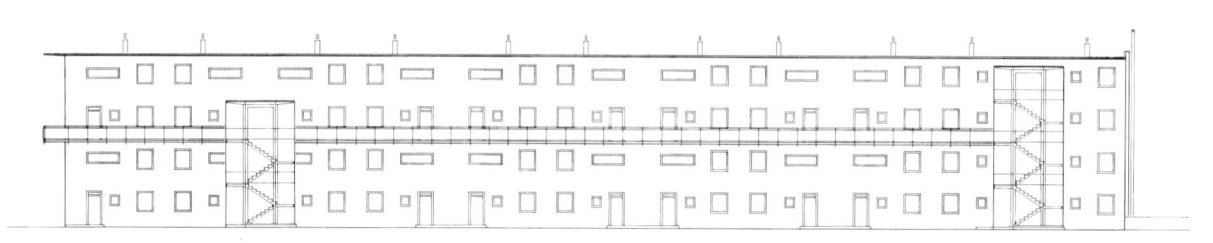

**Ansicht von Osten**   East elevation

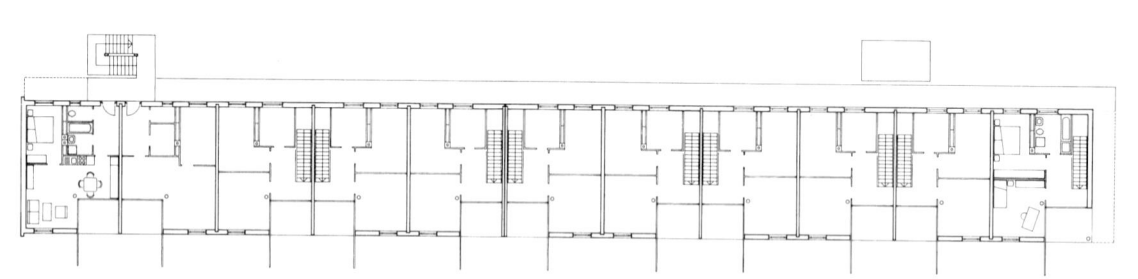

**Grundriß 3. Obergeschoß**   Third floor plan

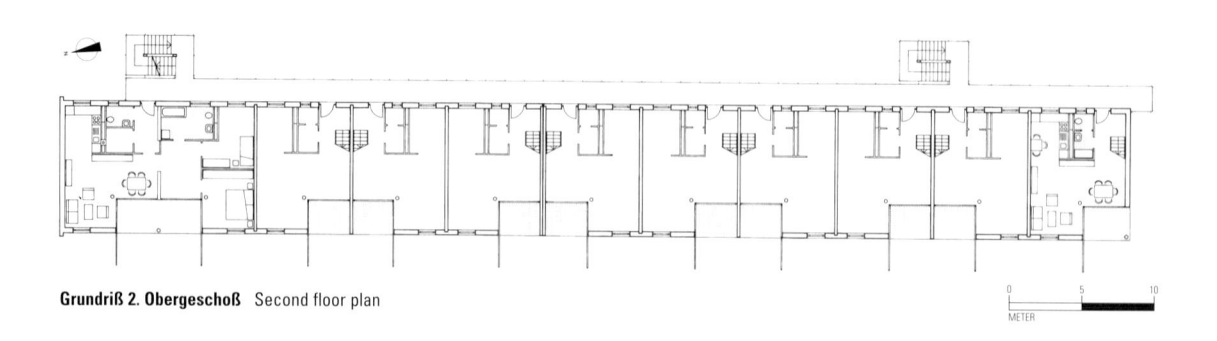

**Grundriß 2. Obergeschoß**   Second floor plan

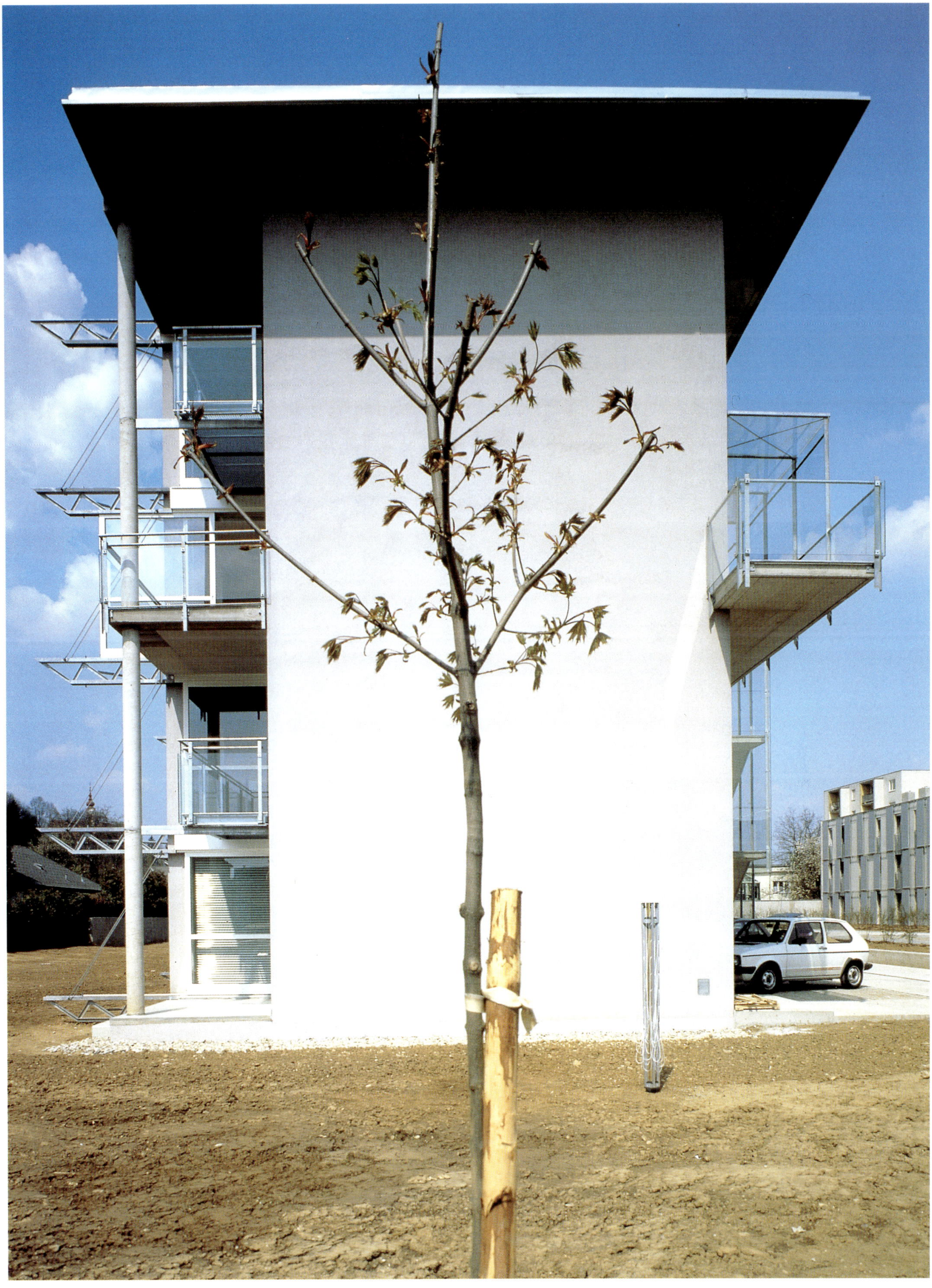

**Leichte Treppenkonstruktion in den Maisonettes**　Light staircase structure in the maisonettes

**Laubengangerschließung an der Ostseite mit Treppenturm**　Access gallery on the east side with staircase tower

**Detail der Tragkonstruktion der Verglasung**  Detail of the glazing support structure

**Loggienbereiche an der Westfassade**  Loggia areas in the west façade

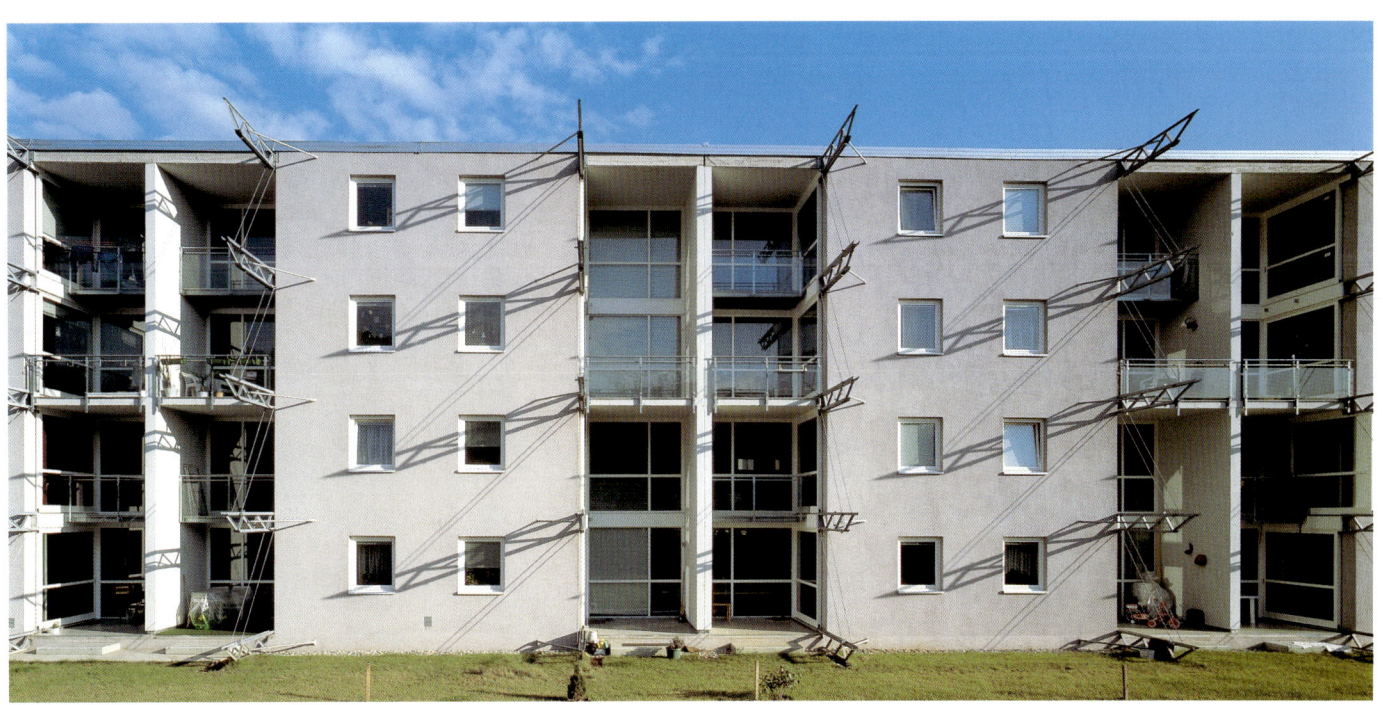

## WOHNHAUS HUBER  HUBER HOUSE

Ein Grundstück mit Blick auf den Bodensee stand für dieses Einfamilienhaus zur Verfügung, wobei die Schwierigkeit darin bestand, daß die Gartenseite mit Seeblick die Nordseite, und die Front zur Straße die Südseite ist. Ernst Giselbrecht stellt einen geraden Baukörper, an einer Schmalseite leicht abgeschrägt, direkt an die Straße. Diese Straßenfront wird geschlossen präsentiert, kleine Fenster für die Funktionsbereiche, ein längeres Bandfenster für den Eßbereich im Obergeschoß. Einzig das durchlaufende Glasband unterhalb der Traufkante holt noch von dieser Seite Licht herein und strukturiert das Gefüge. Das Dach erscheint durch diese feine Zäsur und Schattenlinie abgesetzt, ebenso die Garage, die wie ein eigener Baukörper nach Norden durchgesteckt, der südlichen Hausfront eine großzügige Eingangszone, eine helle, gedeckte Vorhalle freigibt. Die Wohnfunktionen dieses Gebäudes sind auf zwei Geschosse beschränkt, wobei das Erdgeschoß neben der Eingangshalle, ein Arbeitszimmer und einen autonomen Gastbereich zur Verfügung stellt, während das Obergeschoß den eigentlichen Wohn- und Schlafbereich aufnimmt. Hier gibt ein großzügiges Panoramafenster den Blick auf den See frei. Allgemein ist die Gartenfassade in aufgelockerter Form gestaltet. Verschiedenartige Fensterformate sind spielerisch zueinander gesetzt. Im Westen ist eine Terrasse eingeschnitten. Es ist ein einfaches Haus, das generelle Grundzüge des Bauens präsentiert, wie das Schließen zur Straßenseite, das Öffnen zur Gartenfront, das Absetzen der Bedachung, das Freispielen gewisser Funktionseinheiten, das Zonieren von öffentlichen und privaten Bereichen, wo vor allem immer wieder der Eingang, die Wegführung zum wesentlichen Thema wird.

A plot with a view of Lake Constance was available for this detached house, but the problem that it caused was that the garden side with a lake view was on the north side and the street façade on the south side. Ernst Giselbrecht placed a straight building, slightly bevelled on the narrow side, directly on the road. The street façade is presented closed, with little windows for the functional areas, and a long ribbon window for the dining area on the upper floor. Only the ribbon of glass running under the full length of the eaves admits more light from this side and patterns the structure. The roof seems to be detached by this fine break and line of shadow. The garage, which thrusts through the building to the north like a building in its own right, gives the southern façade a lavish entrance zone, a light, covered porch. The living accommodation in this building is limited to two storeys; the ground floor offers the entrance hall, a study and a self-contained guest area, while the upper floor accommodates the actual living and sleeping area. Here a lavish panoramic window provides a view of the lake. Generally the garden façade is broken up. Various window forms are effortlessly juxtaposed. There is a terrace incised on the western side. It is a simple building presenting various basic elements: like the closed street façade, the open garden side, the detached effect for the roof, the free play given to various functional units, the zoning of public and private areas, where above all the entrance and the routing are the fundamental theme.

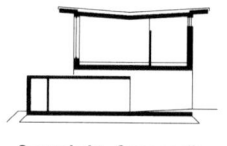

**Querschnitt**  Cross section

**Straßenansicht**  Street elevation

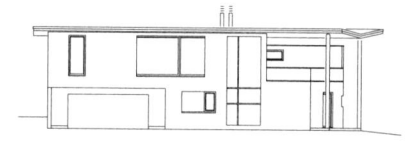

**Gartenansicht**  Garden elevation

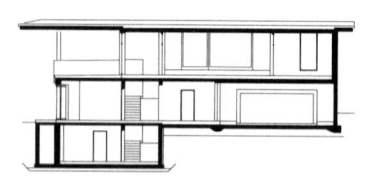

**Längsschnitt**  Longitudinal section

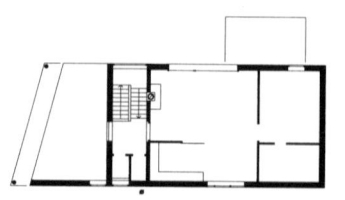

**Grundriß 1. Obergeschoß**  First floor plan

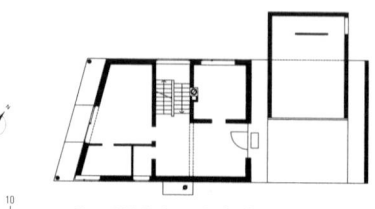

**Grundriß Erdgeschoß**  Ground floor plan

**Bauherr** / Client: Karl + Susi Huber, A-6900 Bregenz
**Projektteam** / Project team: Gernot Bittlingmaier
**Statik** / Structural analysis: DI Martin Moosbrugger
**Planung** / Design: 1995
**Fertigstellung** / Completion: 01/1997

**Überdachter Terrassenbereich an der Schmalseite mit Belichtungsöffnung im vorgezogenen Dach**
Roofed terrace on the narrow side with opening for light in the protruding roof

**Geschlossene Straßenfassade an der Südseite mit geräumiger Eingangszone und zurückgesetzter Garage**
Closed street façade on the south side with spacious entrance zone and set-back garage

**Nordseite mit großzügigen Fensterfronten** North side with generous windows

83

## MEGA-BAUMAX GRAZ

Für einen der größten Baumärkte des Landes zu planen, hat seine Eigengesetzlichkeiten. In erster Linie sind schon beim Entwurf generelle Marktmechanismen zu beachten, deren Zielsetzung letztendlich die optische Breitenwirkung ist. Unter diesen Voraussetzungen wurde Ernst Giselbrecht zu einem Gutachterverfahren geladen. Das zur Verfügung stehende Grundstück in Graz-Webling, auf dem ein Mega-Markt errichtet werden soll, liegt in einem sehr heterogenen, industriell durchmischten Gebiet an einer stark befahrenen Straße, deren gekrümmten Verlauf das neue Gebäude fast dreihundert Meter lang mitzeichnet. Um den Anspruch der Mega-Struktur auch architektonisch umzusetzen, wird das Gebäude von einem vorgestellten Paravent aus Trapezblech begleitet, der mehrere Funktionen erfüllen soll. Erstens wird mit einem Lichtumlenker – ein waagrecht über dem Paravent sitzender Flügel mit Nirostaleisten, an welchen das Sonnenlicht auf die Nordseite gespiegelt wird – die Beschattung dieser unattraktiven Fassadenseite aufgehellt und durch diesen unerwarteten Effekt Aufmerksamkeit erzeugt. Zweitens erhält das Gebäude durch den Flügel, der aus der perspektivischen Sicht des Autofahrers fast in seiner Gesamtlänge überblickbar ist, eine klare Begrenzung. Und drittens wird hinter diesem Paravent die Zulieferung vorgesehen. Auf der Südseite hingegen wird der Markt zum offenen Glashaus. Das entspricht auch der zweiten Warengruppe, die angeboten wird, nämlich Gartengeräte und -materialien. So vereinen sich in dieser Architektur zwei Bedingungen, und zwar wird einerseits die Box, die stringente Werkzeugkiste als generelles Synonym für den Baumarkt umgesetzt, andererseits öffnet sie sich an der Rückseite zum Gartencenter und animiert mit Transparenz zum Kauf.

## MEGA-BAUMAX GRAZ

Planning for one of the country's biggest building markets is subject to rules of its own. In the first place buying and selling market mechanisms, in other words the economic conditions, have to be taken into account, whose objective is always high visibility. Ernst Giselbrecht was invited to submit an appraisal on this basis. The available site in the Webling district of Graz, on which a mega-market was to be built, is in a very heterogeneous area including a lot of industry; it is on a very busy road, which curves along the new building for almost three hundred metres. In order to meet the demands of the mega-structure in architectural terms as well the building has a screen of trapezoidal sheet metal in front of it, which is intended to fulfil various functions. Firstly a light diffuser – a wing with nirostal slats set horizontally above the screen, which directs sunlight on to the north side – considerably brightens this unattractively dark façade and attracts attention as the effect is so unexpected. Secondly this wing, which can be seen almost throughout its length from the point of view of a motorist, gives the building a clear boundary. Thirdly, deliveries are intended to be made behind this screen. But on the south side the market is an open glazed building. This is also appropriate for the second group of goods that is on offer, garden implements and materials. Thus this architecture brings two elements together: it is a box, a stringent toolbox as a general synonym for the building market, and it changes into a transparent garden centre at the rear, encouraging people to buy.

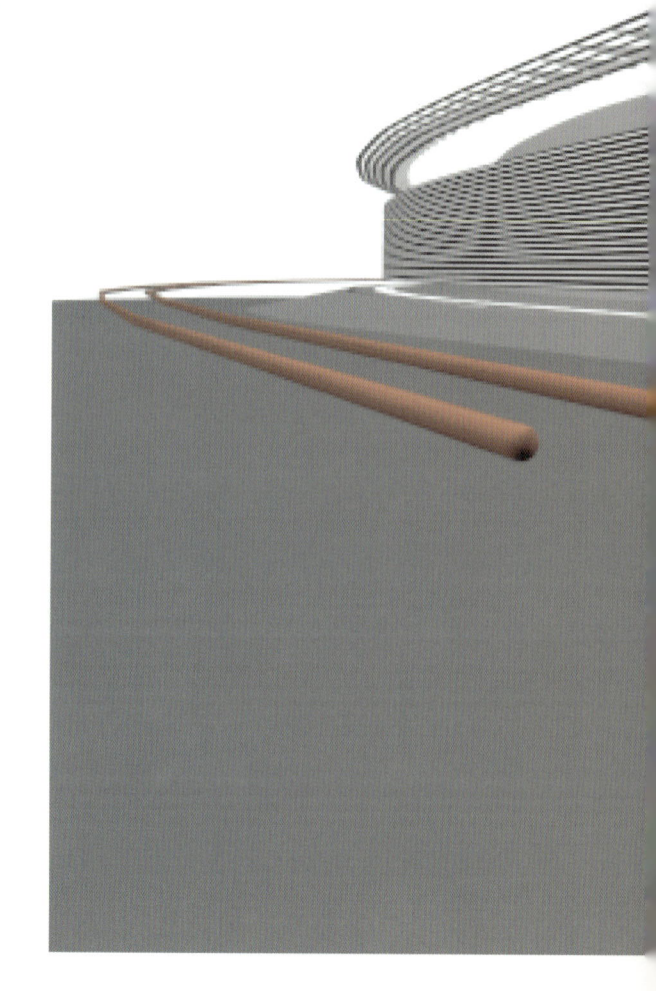

| | |
|---|---|
| **Bauherr** / Client: | FRITZ SCHÖMER Ges.m.b.H. |
| **Projektteam** / Project team: | Peter Müller |
| **Wettbewerb** / Competition: | 1997 |

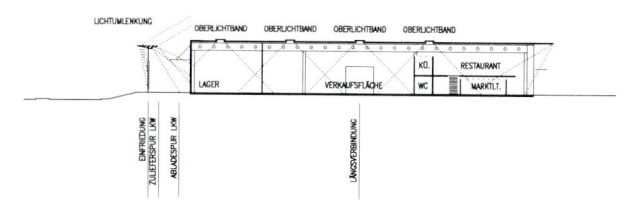

**Langgestreckte Straßenfassade aus der Perspektive des Vorbeifahrenden**
Long street façade from the point of view of someone driving by

**Querschnitt** Cross section

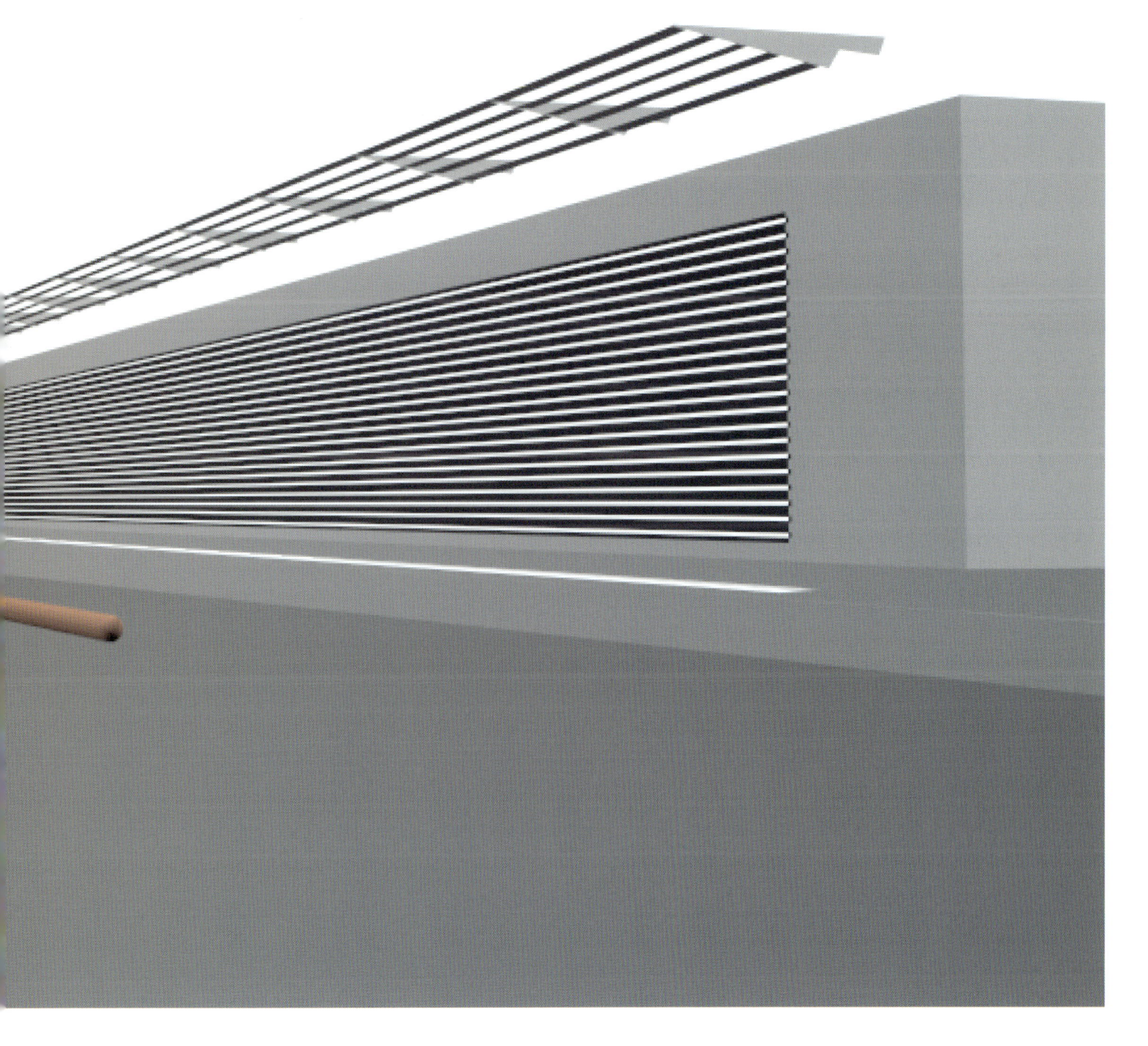

**Ansicht von Westen**  West elevation

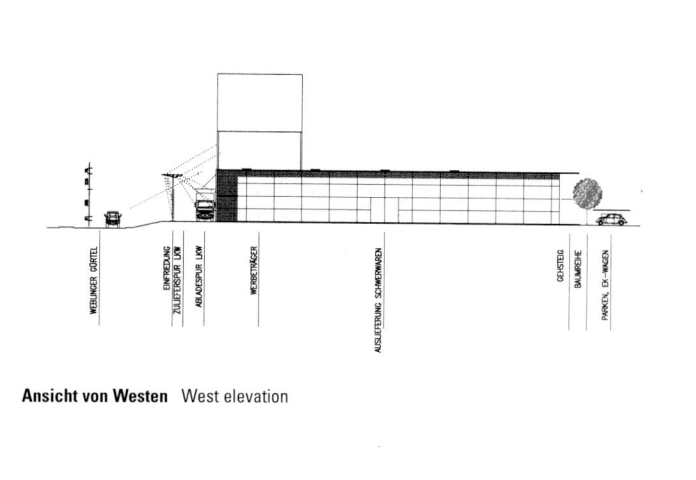

**Vertikalschnitt durch
den vorgestellten Paravent aus Trapezblech**

Vertical section through
the trapezoidal corrugated sheet screen in front of the building

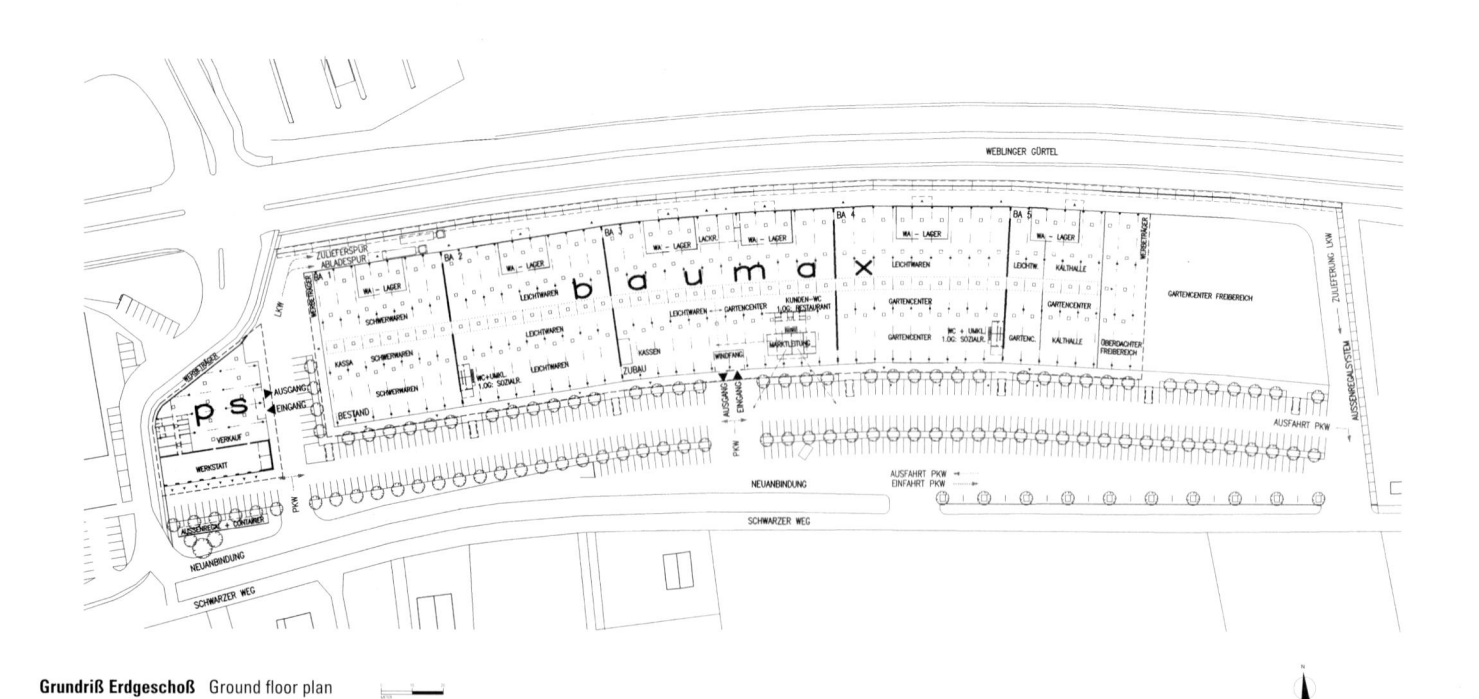

**Grundriß Erdgeschoß**  Ground floor plan

**Ansicht Süden**  South elevation

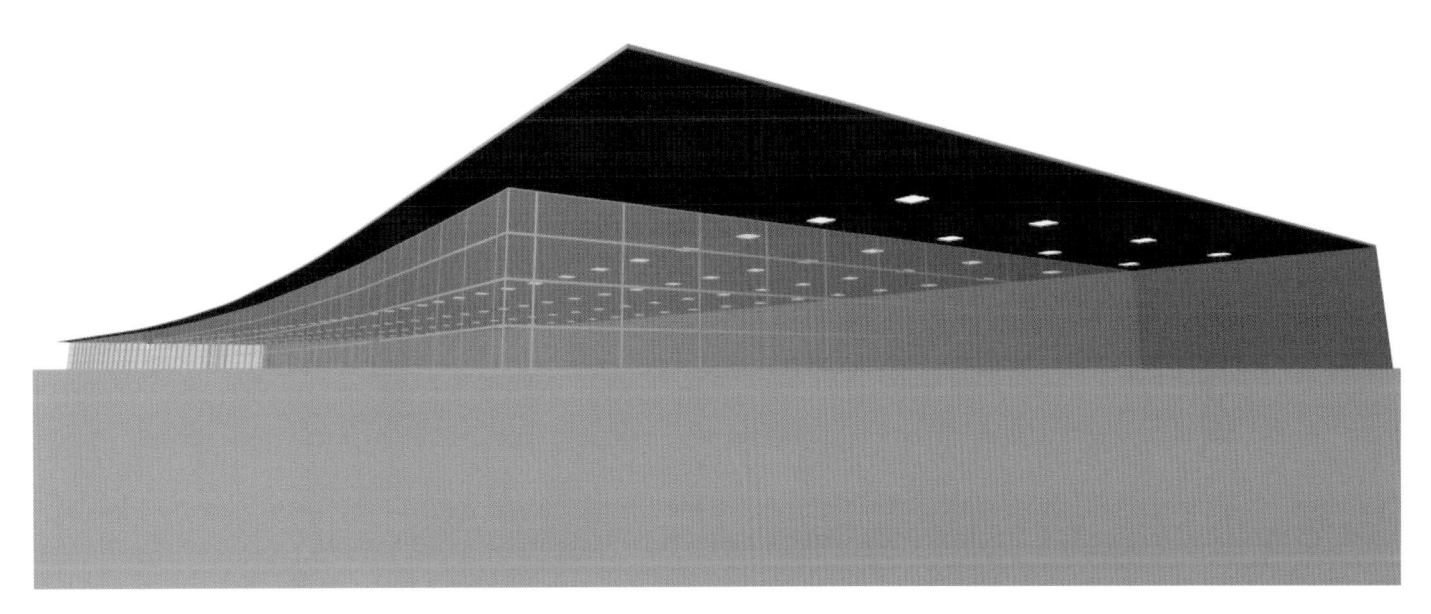

**Fassade im Eingangsbereich**  Façade at entrance zone

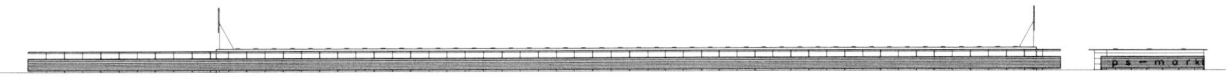

**Ansicht Norden**  North elevation

## HNO-KLINIK GRAZ    ENT-CLINIC GRAZ

Die Funktionsbereiche der Hals-Nasen-Ohren-Klinik Graz sollen mittels Zubau erweitert werden. Ernst Giselbrecht sucht diese Aufgabe mit einem schlichten, zweigeschossigen Funktionstrakt zu lösen. Sein Anliegen ist es, dem alten Jugendstilgebäude eine ruhige beherrschte Struktur gegenüberzustellen, die in ihrer Gelassenheit und Übersichtlichkeit die richtige Atmosphäre für einen Ausnahmezustand im Leben, nämlich den Krankenhausaufenthalt, bieten kann. Daher sollte im Inneren alles zwar möglichst funktionell ablaufen, um keine Verunsicherung für den Neuankömmling darzustellen, in der Ausformulierung der räumlichen Qualitäten ist aber umso mehr an ein helles, freundliches Ambiente gedacht. Eine wohlgeordnete Struktur also, die zwar das Gut-aufgehoben-sein versinnbildlicht, aber immer mit dem Zusatz des Temporären, also nur für kurze Zeit. Im Erdgeschoß sind neben der Erstaufnahme die Sonderuntersuchungsräume vorgesehen, während sich im Obergeschoß der Operationstrakt befindet. Auf die Verbesserung der Wartezonen wurde spezieller Wert gelegt und dabei vor allem auf die Verbindung dieser Zonen mit dem Außenraum, mit der Natur. Auch dieses Gebäude ist mit einer weißen, vorgehängten Fassade aus Alu-Blechpaneelen, beziehungsweise Milchglas-Sicherheitsscheiben konzipiert. In den Fensterbereichen dient eine öffenbare Lamellenkonstruktion zur gänzlichen Schließung nach außen, zum Beispiel im Operationstrakt oder zur klimatischen Regulierung in den übrigen Bereichen. Das weiße Gesamtgefüge des Gebäudes soll erstens ein Pendant zur Jugendstilfassade bilden, indem sich deutlich kontrastiert der Neubau von der alten Struktur absetzt, und andererseits auf die Spitalsfunktion hinweisen, um den funktionellen und ästhetischen Anforderungen einer zeitgemäßen humanmedizinischen Versorgung zu entsprechen.

The Ear, Nose and Throat Clinic in Graz was to have an extension to provide new working areas. Ernst Giselbrecht offered a plain, two-storey building as a solution. His aim is to juxtapose the old Jugendstil building with a calm and controlled structure that can provide the right atmosphere for one of life's exceptional circumstances, namely a period in hospital. For this reason everything was contrived to run as smoothly as possible inside, so that newcomers will not be made uneasy, and a light and friendly atmosphere was sought all the more in the formulation of the spatial qualities as well. In other words a well-ordered structure that certainly symbolizes being in good hands, but always with an additional sense that this is temporary, for a short time only. The ground floor area is intended for reception and special examinations, while the operations section is on the upper floor. Special attention was paid to improving the waiting area, and above all connecting them with the outside world and with nature. This building too has a white façade of sheet aluminium panels or opaque safety glass suspended in front of it. In the window areas an opening slat structure means that the building can be completely closed to the outside, for example in the operation wing or to regulate the climate in other areas. The white overall structure of the building is intended first of all to form a companion piece to the Jugendstil façade, in that the new building forms a clear contrast with the old one, and also to indicate the hospital function, to conform with the functional and aesthetic requirements of up-to-date humane medical care.

| | |
|---|---|
| Bauherr / Client: | Steiermärkische Krankenanstalten GmbH |
| Projektteam / Project team: | DI Kuno Kelih, Peter Müller, Johannes Eisenberger, Andreas Moser, Anton Oitzinger |
| Statik / Structural analysis: | DI Dr. Friedl / DI Dr. Rinderer |
| Wettbewerb / Competition: | 1994 |
| Planung / Design: | 1994-98 |
| Fertigstellung / Completion: | 1999 |

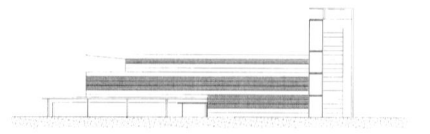

Ansicht von Osten    East elevation

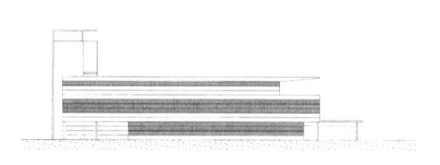

Ansicht von Westen    West elevation

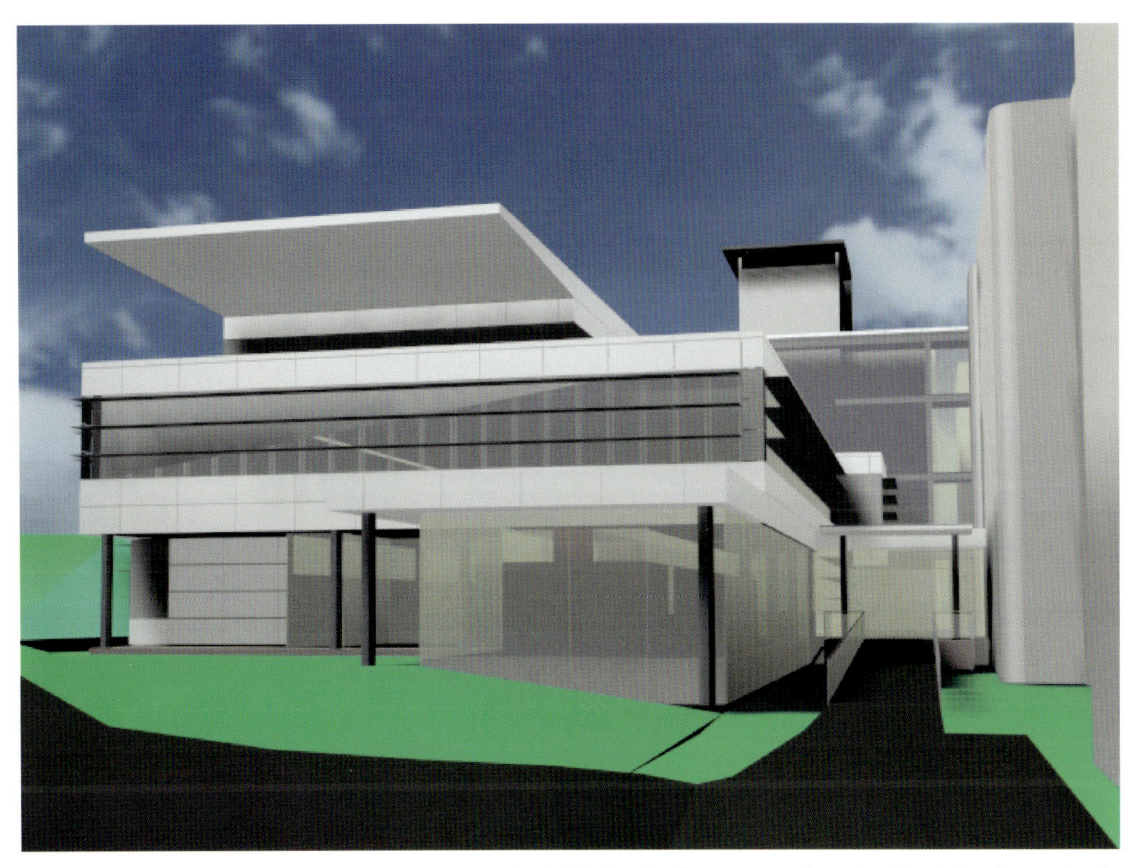

**Zweigeschossiger Zubau an den alten Spitalstrakt; Westfassade**  Two-storey extension to the old hospital section; west façade

**Ostfassade**  East façade

**Computerdarstellungen des Zubaus**
Computer drawings of the extension

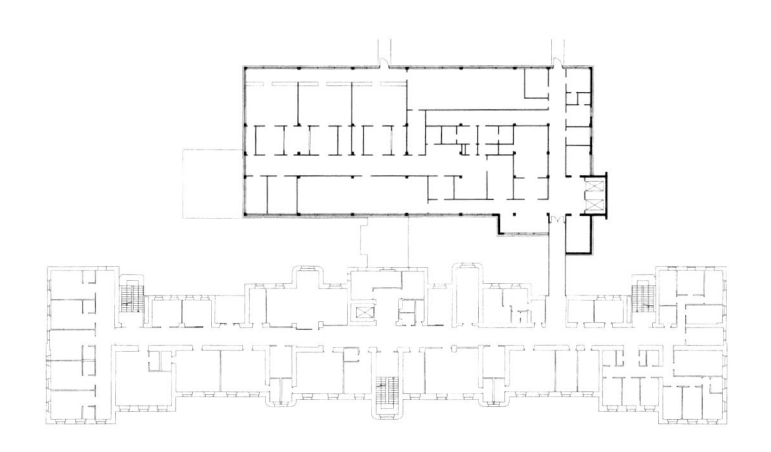

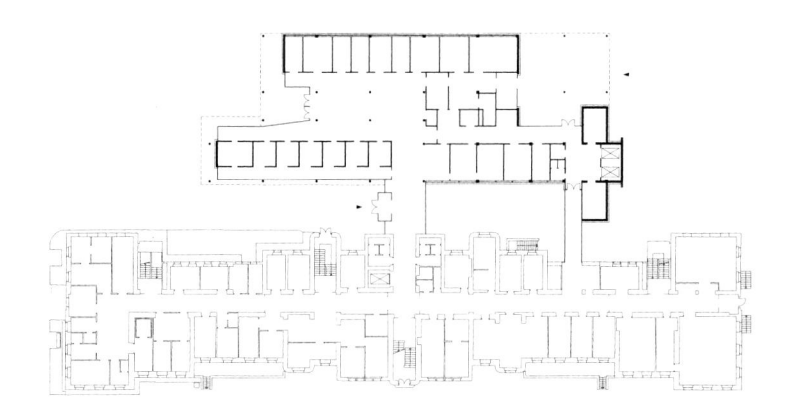

**Grundrisse Erdgeschoß und 1. Obergeschoß**
Ground and first floor plan

**Polymorph**

Polymorphic

# Polymorphes Weiß

Die Rückkehr zur Bescheidenheit in Form- und Farbwahl steht schon seit längerem wieder zur architektonischen Debatte. Die Grenzen narrativer Farbigkeit sind ausgemacht. Die Trauerarbeit über den Wechsel im Szenario ist vollzogen. Unverhohlen wendet sich der Blick zu Positionen der Moderne und sucht Anknüpfungspunkte, die in einer ruhigen baukünstlerischen Disposition aufzufinden sind.

Daß ein intellektueller Überbau, wie er in den dreißiger Jahren die soziale Idee und damit auch ihre rationale Ästhetik begleitete, unserer Zeit nicht mehr dienlich sein kann, ist evident, daß die grundlegende Verpflichtung nach räumlicher Effektivität und Klarheit im Ausdruck ein zeitloses Paradigma ist, ebenso. Daß die Gratwanderung zwischen den Positionen einer tänzelnden Hochseilakrobatik gleicht, wo das Durchmessen eines Raumes Luftqualitäten mit energetischer Strömung spüren läßt, darf als sicher angenommen werden. Heute geht es trotz des hohen Abstraktionsgrades wieder um Anreicherung, um Feinnervigkeit in der architektonischen Haltung. Die Abkehr von dekorativer Umhüllung ist auch heute noch auf ihre Weise ein „Mehr" und nicht ein „Zuwenig". Nicht im apodiktischen Sinn Mies van der Rohes, sondern in der deduktiven Zielführung zu mehrdeutigen Phänomenologien, die trotz ihrer Monochromie auch epischen Charakter offenbaren. Wie bei anderen Künsten unterlag auch die architektonische Entwicklung konsequenten Reinigungsprozessen. Der Absage an Plastizität – die Säule wird zum vierkantigen Pfeiler – folgt der Verzicht auf Farbe, folgerichtig auch der Verzicht auf die symbolische Bedeutung. In ähnlicher Weise vollzog die Malerei ihre Entwicklungsschritte, nur während sie sich von der Gegenständlichkeit lösen konnte und den Weg der Abstraktion beschritt, konnte die Architektur den letzten Schritt, die Absage an die funktionelle Gebundenheit, die gänzliche Loslösung und Autonomie, nicht vollziehen. Das hieße ihre ureigenste, anthropomorphe Sinnhaftigkeit zu verleugnen. Die Beziehung zur Farbe konnte jedoch immer heterogen metaphorischen Gesichtspunkten unterworfen werden. Die Farbempfindung ist keineswegs definitiv zu beschreiben. Es gibt dabei auch keine gestalterischen Dogmen. Es gibt Vorlieben, Moden, Theorien. Sicher ist die direkte Abhängigkeit zum Licht. Es gibt aber kein Anwendungsrezept.

In der Moderne führte die strahlend weiße Baukunst zu einer Art Kunstschönheit, die an sich schon Wert genug schien. Heute ist den chromatischen Baukörpern durchaus eine perzeptive Resonanz im Spiegelbild der Alltäglichkeit gewiß. Im Brennpunkt steht eine dialektische Beziehung. Einerseits grenzt sich die weiße Struktur, ohne den Versuch eine Verschmolzenheit vorzutäuschen, deutlich von ihrer Umgebung ab, andererseits signalisiert sie in sich Einheitlichkeit und Ausgewogenheit, die den ersteren Schwebezustand harmonisierend verankern. So entledigt sich die Ästhetik ihrer Abgehobenheit und neigt sich einem polymorphen Weiß zu. Ein Weiß parlanter Abstraktion, ein Weiß der Möglichkeit, der Entscheidungsoffenheit, nicht Weiß der puristischen Beschränkung. Es bedeutet Kontext, auch Eleganz, aber weniger im Sinne elitärer, sondern eher in baustruktureller Einheit.

Das Weiß heutiger Baukunst entspricht viel eher geforderter Materialtönung, vergleichbar mit Sichtbetonwänden oder Glas. Das Weiß wird vermehrt zum Grundton und nicht zum Besonderen, es wird zum Hintergrund herkömmlicher Farbenpracht und zum Parameter umspannender Gesamtheit.

# Polymorphic White

The return to modesty in selecting form and colour has for some time now been back in architectural debate. The boundaries of narrative colouring have been established. Mourning about the change of scenario is over. Eyes are turning openly to Modern positions and looking for inspiratory elements involving peaceful architectural disposition.
It is known that an intellectual superstructure, which guided the social concept and the rational aesthetics in the thirties, cannot help us today, and it is also known that a basic commitment to spatial effectiveness and clarity of expression is a timeless paradigm. We can certainly assume that the balancing act between the positions is like a tightrope walk which, while crossing a room, makes us aware of the air being charged with currents of energy.
Today, despite a high degree of abstraction there is once more a concern for enrichment, for sensitivity in architectural attitudes. Turning away from pretty vanity and decorative covering is still today in its way "more", and not "too little". Not in Mies van der Rohe's apodictic sense, but as a deductive targeting of ambiguous phenomenologies, which despite their monochromatic quality still reveal epic character.
Like other arts, architectural development has also been subject to a consistent cleaning process. The rejection of plasticity – the column becomes a square pier – followed renunciation of colour, and logically also the renunciation of symbolic meaning. Painting developed in a similar way. It was able to detach itself from being representational and take the path of abstraction, but architecture could not take the final step and reject its bond with function, could not achieve the final detachment and autonomy. That would mean denying its very own anthropomorphic sense of meaning. However, the relation to colour could always be subjected to heterogeneously metaphorical points of view. The perception of colour cannot be described in any definitive way. Here there are also no creative dogmas. There are preferences, fashions, theories. The certain feature is direct dependence on light. But there is no recipe for applying this. Under Modernism, gleaming white architecture led to a kind of artificial beauty which seemed to be value enough in itself. Today chromatic buildings are entirely certain of a perceptive response when mirrored by the everyday. The focus is a dialectical connection. Aestheticization that is abandoning of its detached quality inclines towards a polymorphic white. A white of eloquent abstraction, a white of possibility, of open decisions, not the white of purist limitation. It means context, also elegance, but less in the sense of élitist unity, and more in the sense of unity in terms of the building structure.
The white of today's architecture is much more a matter of required material shading, as in the case of exposed concrete walls or glass. White is increasingly becoming a basic shade and not something special: a background for traditionally splendid colour and the parameter of an all-embracing totality.

■■■ **Die Vielfalt ist das Präludium zur Monotonie; willst du sie vermeiden, dann wiederhole dein Element.**

■■■ Diversity is the prelude for monotony; in order to avoid it, you must repeat your element.

**Luigi Snozzi**

## WOHNHAUS RUSS     RUSS HOUSE

Der Bezug zwischen Gebäude und umgebender Landschaft wird beim Haus Ruß am Bodensee ganz gewollt dahingehend gelöst, daß die Einbindung des Gebäudes in das Umfeld keineswegs in einer gemächlichen Annäherung, in einer Art Verwischtheit bis hin zur Verschmelzung vor sich geht, sondern in der Exponiertheit und der bewußten Aufnahme entfernterer Referenzen. Bei diesem Gebäude sind es der Horizont und der See, und dabei speziell der Bezug zur Weite, zu einer waagrechten Linienführung, die den Entwurf entscheidend beeinflußten. Die Grundrißkonfiguration selbst ist einfach. Ein rechteckiger Baukörper wird seitlich betreten, wobei das Erdgeschoß fast vollständig dem Wohn- und Küchenbereich vorbehalten bleibt. Über eine zweiläufige Treppe gelangt man zu den vier Schlafräumen im Obergeschoß und einem Arbeitszimmer, das eine verglaste Front zum, in diesem Bereich zweigeschossigen, Wohnzimmer hat. Der Arbeitsraum reicht über die untere Gebäudefront hinaus und bedeckt dort einen seitlichen Terrassenbereich. Die ganze Breitseite des Gebäudes ist frontal zum See gestellt und komplett mit Glaselementen durchstrukturiert. Im Obergeschoß läuft ein schmaler Steg an den Zimmern vorbei über die begrenzenden Hauskanten hinaus. Er wird von einem Flugdach begleitet und überdeckt. Dieser Flügel ist erhöht und vom Baukörper abgesetzt, wie ein Augenaufschlag in die Ferne. Hier finden sich vorgesetzte Stahlprofile, die einer lamellenartigen Beschattungsstruktur als Traggerüst dienen und die feine senkrechte Zeichnung der Fensterprofile in ihrer Linienführung unterstreichen. Bezeichnend für dieses Gebäude ist auch sein bedingungsloses Weiß. Es ist ein Weiß der Einheit, aber mit Abstraktionsgrad, ein Weiß der Eleganz ohne Erdverbundenheit – es ist das Weiß des Nebels am Horizont des Sees.

In the Ruß house on Lake Constance the relation between the building and the surrounding landscape is quite deliberately solved in such a way as to tie the building in with its surroundings not as a sort of comfortable approximation, a kind of blurredness to the point of fusion, but with all the exposed quality and conscious acceptance of more distant references. In this building it was the horizon and the lake, and here particularly the relationship with the distance, to a horizontal play of lines, that had a crucial influence on the design. The configuration of the ground plan itself is a simple one. A rectangular building is entered from the side, and the ground floor is retained almost exclusively for the living and kitchen area. Two flights of steps lead to the four bedrooms on the upper floor and to a study that has a glazed side to the living room, which rises through two storeys at this point. This working area thrusts out over the lower façade of the building and covers a side terrace there. The whole breadth of the building faces the lake and is completely structured with glass elements. On the upper floor a narrow walkway runs past the rooms and out over the building's boundary edges. It is accompanied and covered by a flying roof. This wing is raised and set apart from the body of the building, like an eye opening into the distance. In front of this are steel profiles that serve as a support frame for a slat-like shading device and underline the delicate vertical run of the window profiles. Another crucial feature of this building is its uncompromising whiteness. This is the whiteness of unity, but with a degree of abstraction, the white of elegance without being earthbound – the white of the mist on the lake horizon.

**Das Gebäude als Referenz an den Horizont und den See**
The building as a reference to the horizon and the lake

| | |
|---|---|
| **Bauherr** / Client: | Eugen A. + Irene Ruß, A-6911 Lochau |
| **Projektteam** / Project team: | DI Kuno Kelih, Peter Müller, Gernot Bittlingmaier |
| **Statik** / Structural analysis: | DI Martin Moosbrugger |
| **Planung** / Design: | 1992/93 |
| **Fertigstellung** / Completion: | 12/1993 |

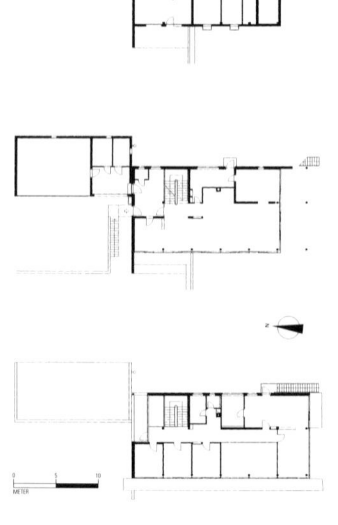

**Grundrisse Untergeschoß, Erdgeschoß und Obergeschoß**
Lower floor, ground floor and upper floor plan

**Blick in den zweigeschossigen Wohnraum**
View into the two-storey living-room

**Seitenfassade mit überdecktem Terrassenbereich. Steg des Obergeschosses mit abgesetztem Dachflügel als Beschattungselement.**
Side façade with covered terrace area. Upper storey walkway with a section of the roof to provide shade.

## HAUS DER KÄRNTNER ÄRZTE
### in Klagenfurt

## KÄRNTEN HEALTH CENTRE
### in Klagenfurt

Ein städtebauliches Entwicklungsgebiet mit heterogener kleinstädtischer Architektur, ein Ort, der kaum Anhaltspunkte zur architektonischen Umsetzung bot, ohne absehbare Veränderungsstufen – das waren die diffizilen Standortbedingungen für das Haus der Kärntner Ärzte. Unter diesen Umständen war es ratsam, sich auf das Eigenleben des Hauses zu konzentrieren, um die Chance der ersten Vorgabe zu nutzen. Das Konzept wurde in zwei parallele Bürotrakte eingefügt, die in ihrer Mitte zu einer lichthofartigen Halle mit imposanter Treppenführung geweitet sind. Ihre Enden sind wie Flügel fächerartig in die Umgebung hinausgestreckt. So ist ein Baukörper entstanden, der im Riß, in der Sprengung der linearen Reihung, Zwischenzonen für ein Zusatzangebot an Räumen offenhält, vergleichbar dem Vergrößern der Lunge beim tiefen Einatmen. Genug Platz für die Passage im Erdgeschoß, zwei Terrassen in den Obergeschossen, erweiterte Gangzonen und vor allem für die Zufuhr von Tageslicht im Mittelbereich.

Dieser linearen Struktur wurde als Gleichgewichtung ein großer Erker entgegengesetzt, ein signifikanter Kopf, der sich weich in die Straßenzone vorwölbt. Und wiederum ist es das Weiß, das die Gesamtwirkung des Baukörpers dominiert. Einerseits in glatter structural-glazing Fassade mit verdeckten Profilen und andererseits in einer Metallpaneelstruktur mit Glaslamellen vor den Fenstern. Es ist ein prägnantes Gebäude, in Ausgewogenheit von funktioneller Bestimmung und äußerer Erscheinung, von der Umgebung abgesetzt, wartend auf die zukünftige Dynamik, im Wissen, ihr Katalysator zu sein.

This is an urban development area with heterogeneous small-town architecture, a place that offered hardly any clues about possible architectural implementation, without foreseeable stages involving change – these were the difficult site conditions for the Kärnten Health Centre. Under these circumstances it was advisable to concentrate on the specific vitality of the building itself to take best advantage of setting the pattern. The concept was implemented in two parallel office sections extended in their centre into a light-well like hall with imposing staircases. Their ends fan out like wings into the surroundings. This has produced a building that keeps open the possibility of providing intermediate zones for additional spaces in the crack, by breaking open the linear series, comparable to the enlargement of a lung when a deep breath is taken. Enough room for the arcade on the ground floor, two terraces on the upper storeys, extended corridor areas and above all for introducing daylight into the central area. A large bay window was introduced to balance this linear structure, a significant head, lightly curving into the street area. And again the overall appearance of the building is dominated by its whiteness, provided partly by a smooth structural-glazing façade with covered profiles and by a metal panel structure with glass slats in front of the windows. This is a succinct building, striking a balance between functional definition and outward appearance, detached from its surroundings, waiting for the future dynamic, aware that it will be the catalyst for this.

| | |
|---|---|
| Bauherr / Client: | Ärztekammer Kärnten, Miterrichtergemeinschaft |
| Projektteam / Project team: | DI Randolf Riessner, DI Bettina Dreier, DI Werner Kircher, DI Kurt Falle, Peter Müller, Andreas Moser, Gernot Bittlingmaier |
| Statik / Structural analysis: | Büro DI Schnattler |
| Wettbewerb / Competition: | 1990 |
| Planung / Design: | 1990/91 |
| Fertigstellung / Completion: | 1993 |

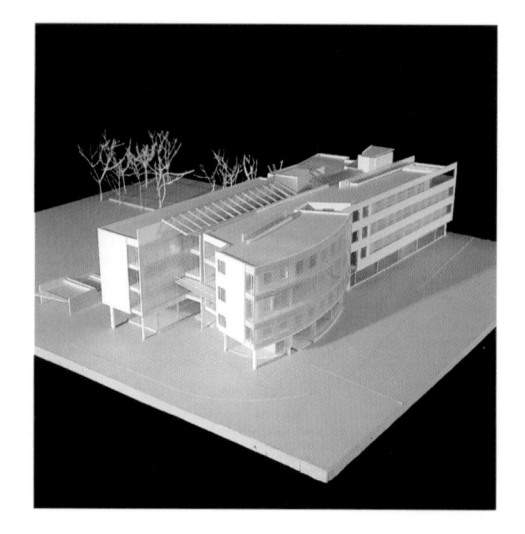

**Die Modellfotos zeigen den Gesamtkomplex mit geschwungenem Kopfteil und zwei parallelen Bürotrakten, in der Mitte zur Erschließung erweitert.**
The model photographs show the whole project with curved end section and two parallel office sections, broadening in the centre for access.

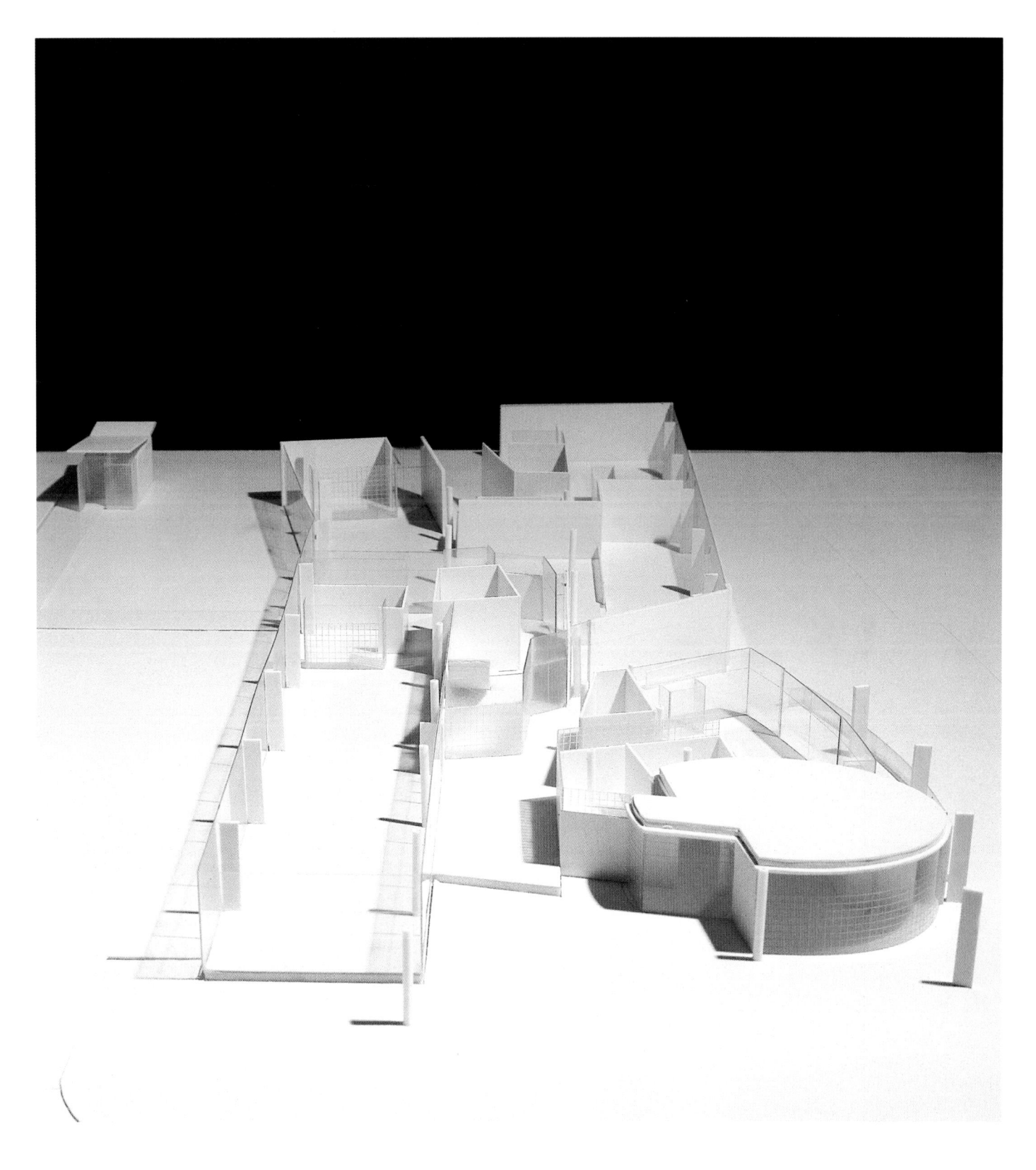

**Fassadendetail mit weißen Metallpaneelen im Zwischenbereich der Bürotrakte**
Façade detail with white metal panels in the area between the office sections

**rechts: Die Erschließung mit einläufiger Treppe in der erweiterten Mittelzone des Hauses**
right: Access with single flight of steps in the extended central zone of the building

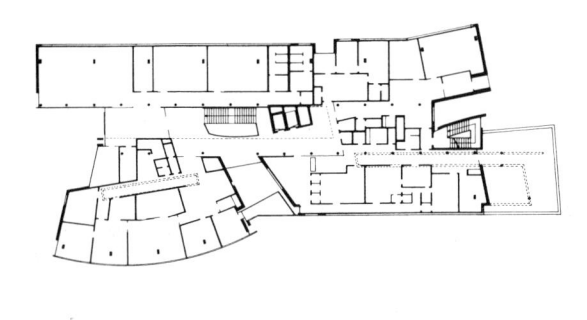

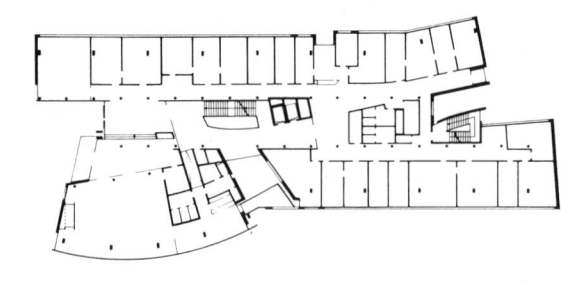

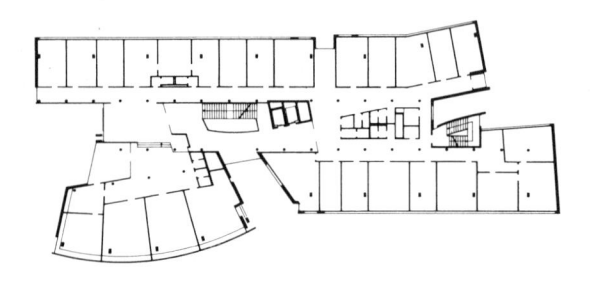

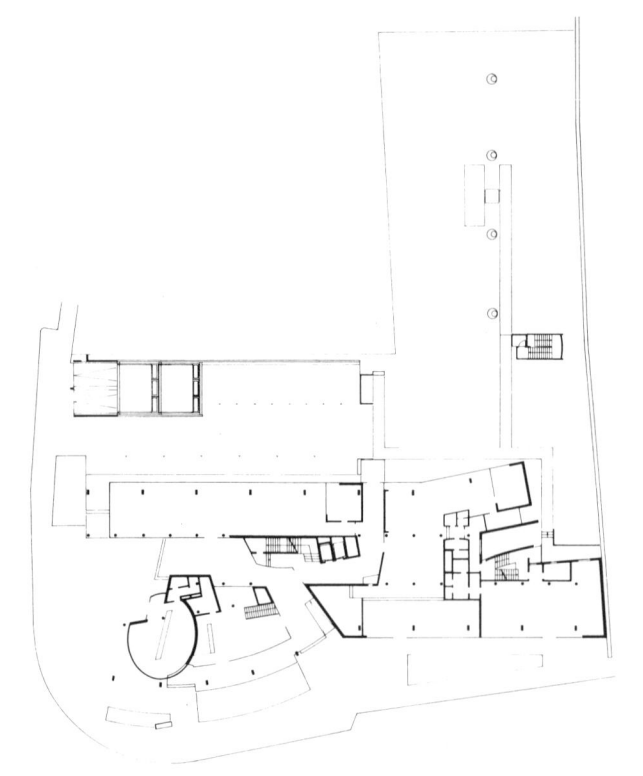

**Grundrisse Erdgeschoß, 1., 2. und 3. Obergeschoß**
Ground floor plan, first, second and third floor plan

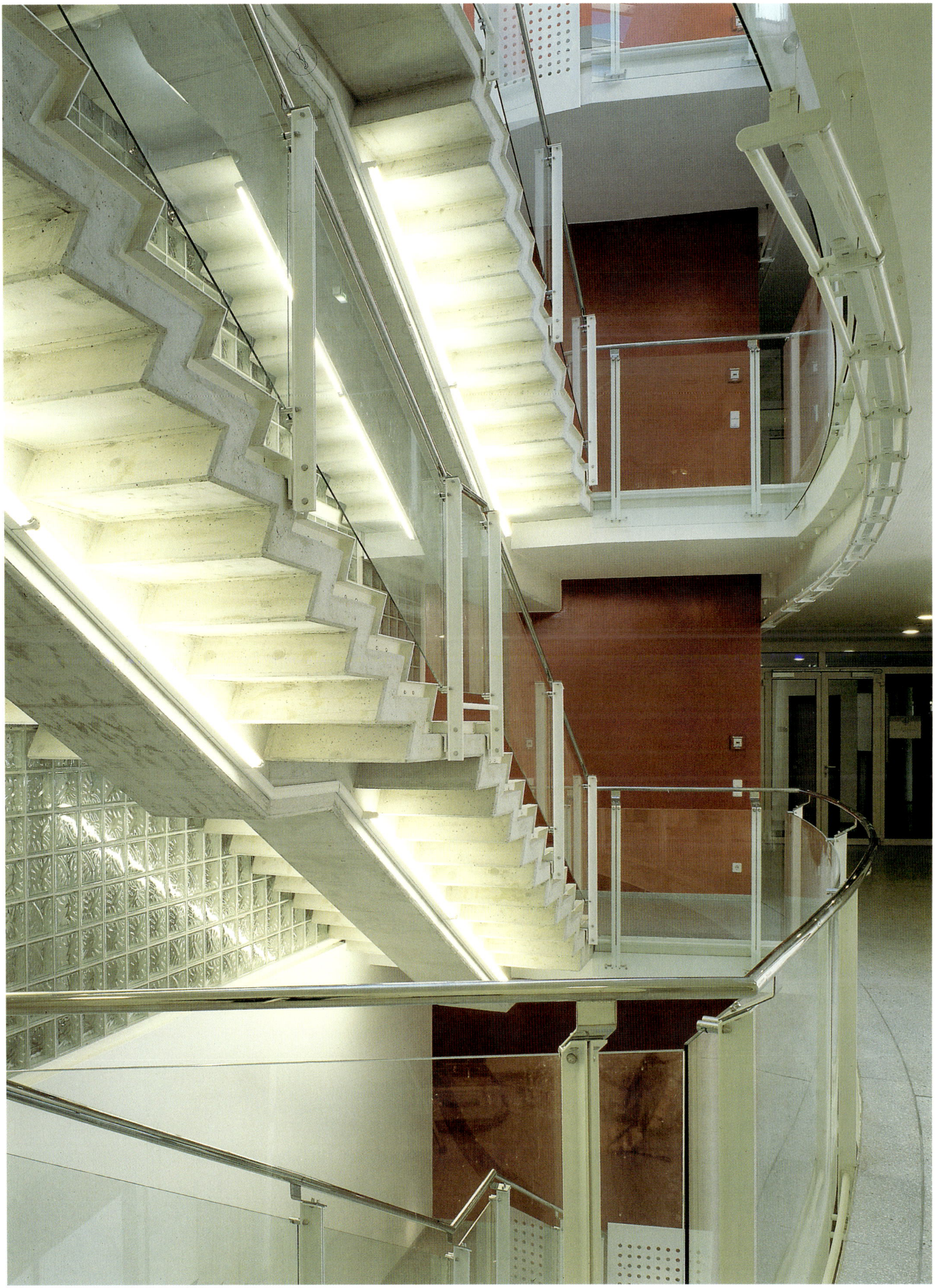

**Detail des Glaserkers**  Detail of the bay window

**Weich geschwungener Glaserker mit structural-glazing Fassade zur Straße**
Gently curving bay window with structural façade on the street side

**Fassadendetail der Bürotrakte mit verstellbarer Sonnenschutzkonstruktion aus Glaslamellen**
Façade detail of the office sections with adjustable slatted glass sunshading structure

**Ostfassade** East façade

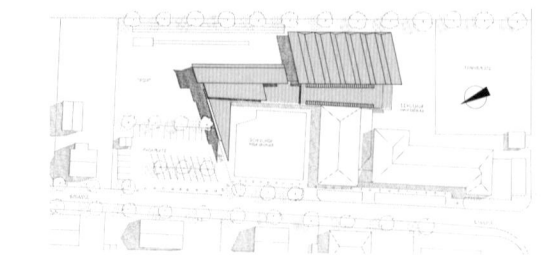

## VOLKSSCHULE STRASS    STRASS PRIMARY SCHOOL

**Den Wettbewerb für die Volksschule in Straß konnte Ernst Giselbrecht durch eine signifikante städtebauliche Lösung, die dem Straßendorf einen öffentlichen Platz beschert, für sich entscheiden. Sein Konzept sah vor, den alten Turnsaal zu einem Festsaal umzubauen, der die Breitseite zum Platz hin öffnet. An den neuen, zweigeschossigen Klassentrakt, der die zweite Flanke des Platzes bildet, schließt im rechten Winkel ein eingeschossiger Gebäudeteil an, der in einem spitzen Vordach ausläuft und die dritte Seite sowie die äußerste Platzkante markiert. Über zwei Stufen kommt man zum Vorbereich des Schuleingangs und in die offene Halle, wo die Erschließungstreppe, mit seitlichen Sitzstufen versehen, als kleines Schülerforum ausgebildet ist und in der hellen, ganzseitig verglasten Eingangszone eine zusätzliche räumliche Attraktion bietet. Der neue Turnsaal wird nun als zweite Bauetappe parallel hinter den Klassentrakt gebaut. In der eingeschossigen Zwischenzone ergibt sich ein Verbindungselement von bestehender Hauptschule zu Turnsaal und Festsaal. Ziel dieser Gebäudetypologie ist in erster Linie das Entknüpfen der drei Funktionen von Volksschule, Hauptschule und öffentlich zugänglichem Festsaal, um somit einen größeren Aktivitätsradius zu schaffen, der sich aber wiederum auf das Zentrum, den gemeinsamen Platz konzentriert. Das Äußere dieser Schule ist ganz in Weiß gehalten. Einerseits wird so die Einheit um den Platz gefestigt und andererseits bewußt zum Hinterland, den gelben Maisfeldern, die Grenzlinie von Bebauung und Freiland gezeichnet. Diese rückwärtige, den Feldern zugewandte Fassade ist mit einem großflächigen „Rollo" in Lamellenstruktur überzogen, während sich die Eingangsfront in einer Stahlglaskonstruktion eher transparent, mit Stoffrollos versehen, zum Platz hin öffnet.**

Ernst Giselbrecht won the competition for the primary school in Straß with a significant urban solution that provides the street village with a public square. His concept proposed converting the old gymnasium into a banqueting hall and ballroom opening up to the square on its broad side. A single-storey section of the building is attached to the new, two-storey classroom section that forms the second flank of the square. The single-storey section ends in a pointed canopy and marks the third side and the extreme edge of the square. Two steps lead to the area in front of the school entrance and into the open hall, where the access stairs have steps to sit on at the side and are intended as a little forum for the pupils of the school and provides an additional spatial attraction in the entrance zone, which is light and glazed on all sides. The new gymnasium is now built parallel to the classroom section as a second building phase. The single-storey zone in between forms an element linking the existing secondary school with the gymnasium and ballroom. The aim of this building typology is in the first place to uncouple the three functions, primary school, secondary school and public ballroom, thus creating a larger radius of activity that again concentrates on the centre, the common square. The exterior of this school is entirely white. This both ensures the unity of the square and consciously draws a borderline between built-up area and open country, the yellow maize fields of the hinterland. This rear façade, facing the fields, is covered with a large area of slatted "roller blind", while the entrance façade opens on to the square rather more transparently in a steel and glass structure with fabric blinds.

| | |
|---|---|
| **Bauherr** / Client: | Marktgemeinde Straß |
| **Projektteam** / Project team: | DI Alois Juschitz, DI Randolf Riessner, Christian Deimel |
| **Statik** / Structural analysis: | DI Mitteregger |
| **Wettbewerb** / Competition: | 1990 |
| **Planung** / Design: | 1991/92 |
| **Fertigstellung** / Completion: | 1994 |

**Lageplan**   Site plan

**Das Modellfoto zeigt den Gesamtkomplex mit neugeschaffenem Platz.**
The model photograph shows the whole complex with the newly created square.

**Spitzwinkeliger Flügel als überdeckter Freibereich, der die dritte Flanke des Platzes bildet.**
Acute-angled wing as a covered open-air space, forming the third side of the square.

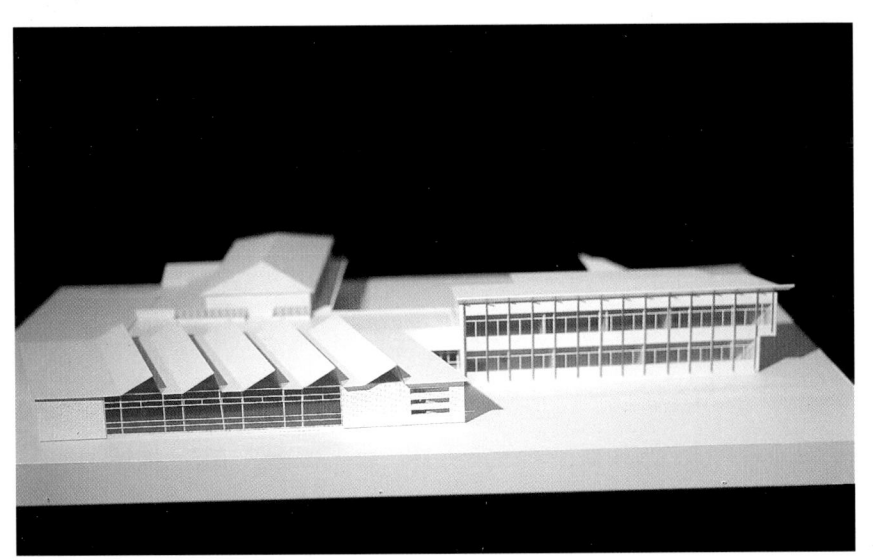

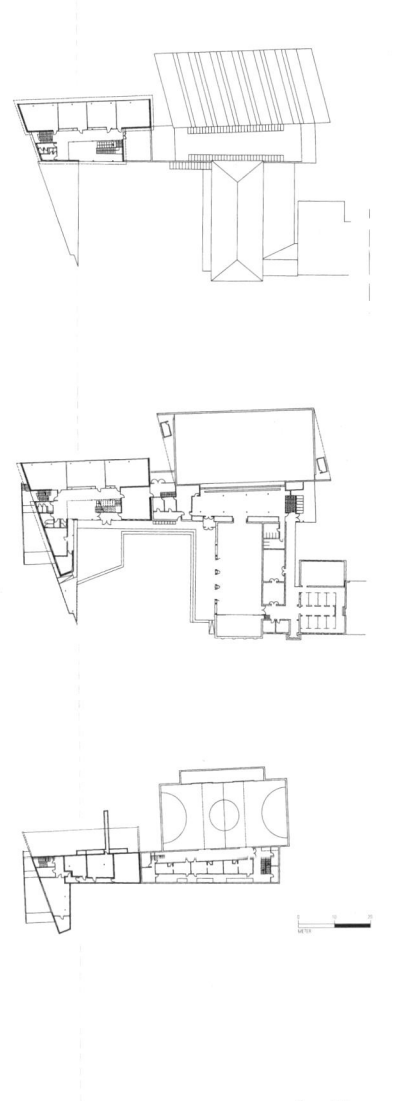

**Grundrisse**
**Untergeschoß, Erdgeschoß und 1. Obergeschoß**
Lower floor, ground floor and first floor plan

**Die neu geplante Turnhalle im Anschluß an den Klassentrakt**
The new gymnasium connected to the classroom wing

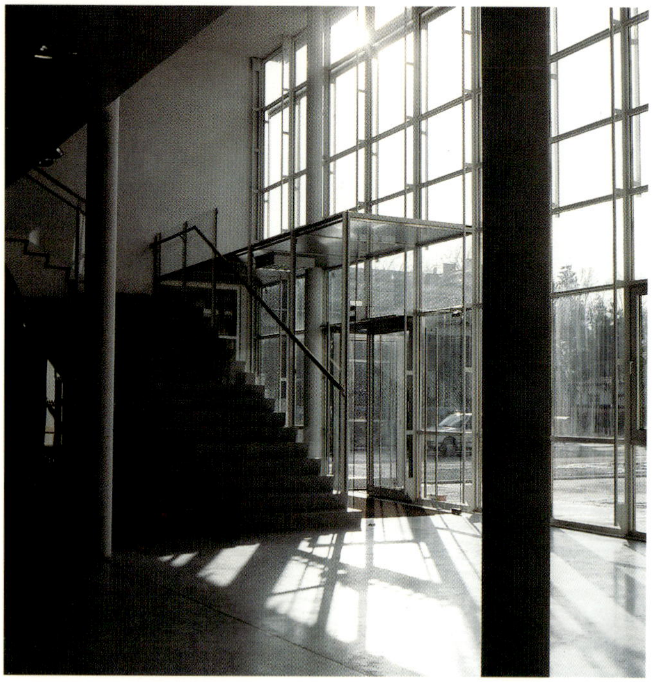

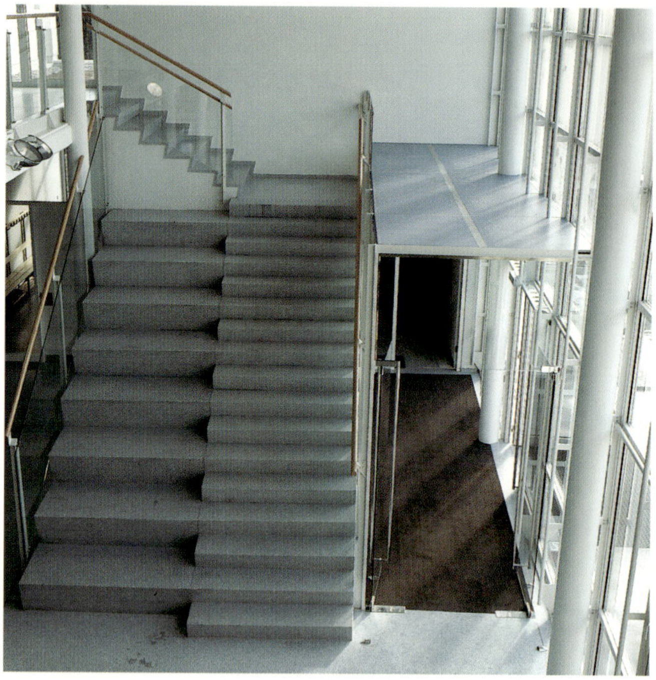

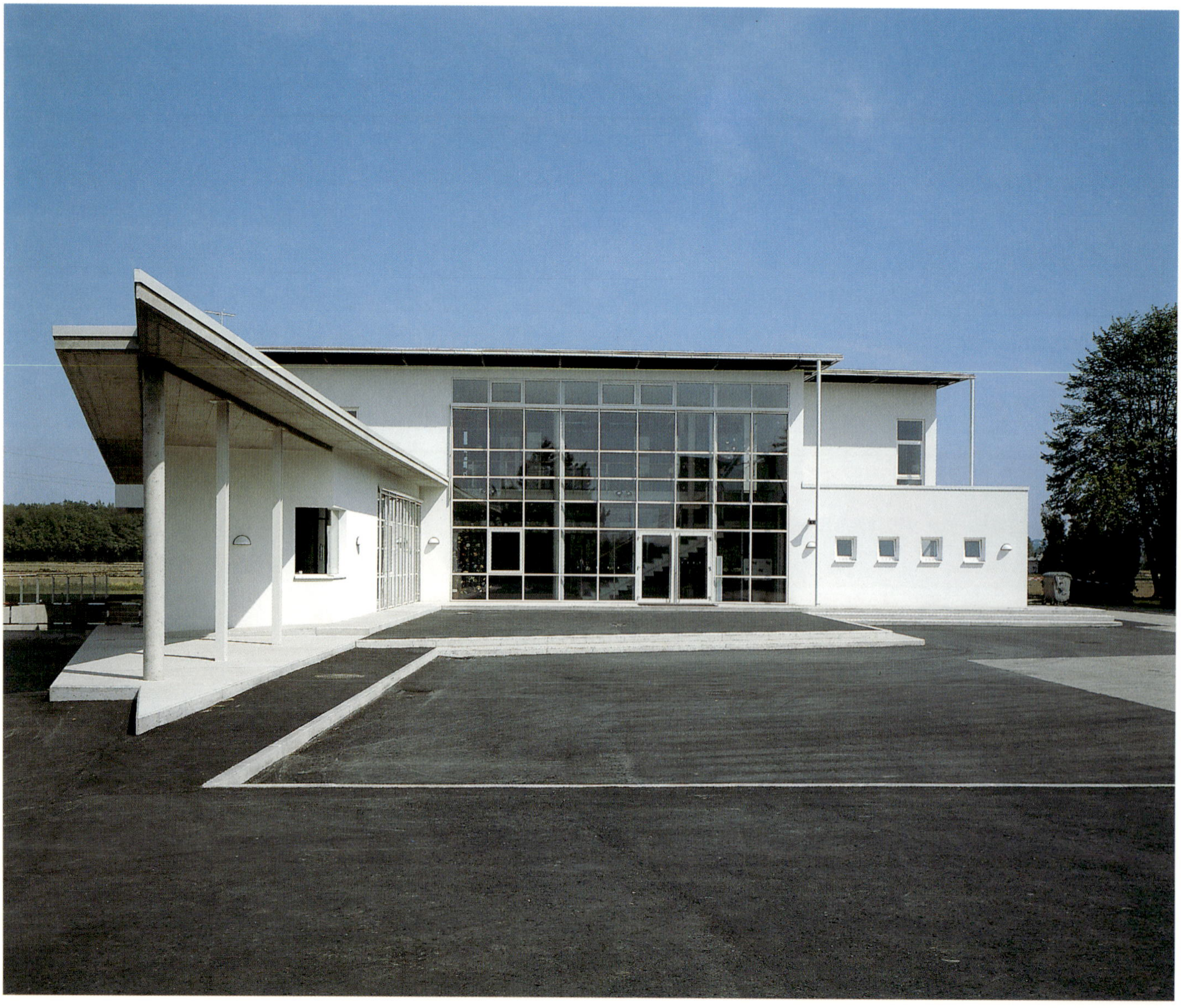

**Ostfassade mit über den ganzen Baukörper gezogenem „Rollo" in weißer Lamellenstruktur**  East façade with the white-slatted "roller blind" covering the whole building

**oben: Halle mit Sitzstufen als Forum der Schüler und als attraktiver Aufenthaltsbereich**
top: Hall with steps for sitting as a pupils' forum and attractive leisure area

**unten: Großflächig verglaste Eingangsfront mit spitzem Ausläufer, der den Endpunkt des Platzes markiert.**
bottom: Entrance façade with a large area of glazing and a pointed section marking the end of the square.

**Tektonischer Baukasten**

Tectonic Construction Kit

# Tektonischer Baukasten

Die Erwartung an Architektur ist unter anderem dem Gedanken an Stabilität unterworfen, sowohl in konstruktiver als auch in psychischer Hinsicht. Die aktuelle Erkenntnis entspricht diesen Erwartungen kaum mehr. Vielmehr provoziert die architektonische Erfahrung, bedingt durch technischen Fortschritt und mechanistische Machbarkeiten, die Veränderung; ein positiver Effekt, schlußendlich die wünschenswerte Dynamik menschlicher Daseinsform. Architektur wird zum Zeugen dieser kulturellen Dimensionsverschiebung.

Heutiges Bauen unterliegt differenzierteren Voraussetzungen. Gedacht wird nicht mehr zwingend von unten nach oben, massiv und beständig, sondern strukturelles Denken in Einzelfaktoren gehört zum tektonischen Repertoire, das von tragender Konstruktion, Wetterschutz, Außenhülle und innerer Klimafunktion bestimmt wird und in weiterem Sinn kein unten und oben mehr kennt. Es geht um Einzelfaktoren, die nach wie vor in ihrer Gesamtheit und im ausgereiften Zusammenspiel wirken, aber viel freier als früher, viel autonomer ins Leben greifen und sich in Szene setzen, um Raum zu schaffen.

In der nunmehrigen Einzelbetrachtung liegt auch Vor- und Nachteil. Ersterer im Beleben eines Detaillierungsprozesses, der die thematische Idee schon im sensiblen Kleinformat beizugeben imstande ist. Die Bedeutungszuwendung wird ins Kleinteilige verlagert, es ergibt sich eine komplexe Schichtung, und das Verstehen wird insbesondere durch die erzielte Dichte, von der innersten Struktur aus ermöglicht. In transformativen Wandlungen kehrt das Hauptthema immer wieder und formt die Einheit. Die Einzelelemente treten miteinander in Beziehung, ihre Bedeutung liegt in der Ausgewogenheit, denn Änderungsprozesse im einzelnen haben immer Auswirkungen auf das Ganze.

Der Nachteil dieses tektonischen Prinzips stellt sich ein, sobald Kräfte wirksam werden, die sich nur auf die strukturelle Einzeltonart konzentrieren; ihr Agieren führt meist zu empfindlichen Störungen des Gesamtmechanismus. Daher ist tektonisches Arbeiten in diesem Sinn nur möglich, wenn es besetzt ist von der Leidenschaft im einzelnen hin zur großen Fügung. Ohne diese Energie droht die Vernunft mit zerstörerischer Kraft die Elemente auseinanderzutreiben.

Arbeiten im tektonischen Splitterwerk stellt zur Gesamtfrage auch Einzelfragen, das heißt, daß die Substanz einem Rasterungsprozeß nur standhalten kann, wenn sie nicht vordergründig aufgesetztem Formwillen entspringt, wenn sie nicht an der Oberfläche stecken bleibt. Wenn der Konnotations- mit dem Abstraktionsgrad eine Symbiose erzeugt, die unsere Empfindung mitreißt und nicht nur den geschulten Geist. Das verlangt, dem tektonischen Baukasten auch Elemente mitzugeben, die spektakulärer Natur, risikoreich, traditionell nicht gänzlich abgesichert, labil, unkontrolliert, grenzerweiternd und innovativ sind. Denn wie der technische Fortschritt die tektonische Dimension völlig verändert, wie die Materialtreue keineswegs mehr die eindeutige Form bestimmt, kann als Variation der Freiheit gesehen werden und nicht als Faktor der Verunsicherung. Die Autonomie muß nicht zwingend Unbeugsamkeit bedeuten.

So wie die eingangs erwähnten Einzelkomponenten eines Gebäudes in einer Gleichgewichtung agieren, ist das Gebäude als solches mit dem baulichen Umland vernetzt, es wird zum tektonischen Element seiner Umgebung, was nicht zwingend Unterwerfung bedeutet. So gesehen geht es nicht in erster Linie um Anpassung und Eingliederung, sondern um Gleichberechtigung. Der tektonische Baukasten enthält das Instrumentarium zur Schaffung dieses pulsierenden Netzwerkes.

# Tectonic Construction Kit

**...** **Wir sollten unsere Aufmerksamkeit nicht ausschließlich auf die eigentlichen Veränderungen lenken, sondern auf die Struktur, die in ihrer Beständigkeit Veränderungen aufnehmen kann.**

Expectations about the tectonic structure of architecture are subject to the idea of stability, both from a constructional and a psychological point of view. Current insights scarcely meet these expectations any more. On the contrary, architectural experience, as a result of technical progress and mechanical feasibility, has brought about a change; a positive effect, ultimately the desirable dynamic of human existence. Architecture becomes the witness of this cultural shift in dimensions. Modern building is subject to other requirements. It is no longer essential to think from bottom to top, solid and reliable, but structural thinking in individual factors is part of the tectonic repertoire, determined by supporting structure, weather protection, external envelope and internal climatic function, and with no broader sense of top and bottom. It is a matter of individual factors that continue to make an effect in their totality and in mature interplay, but they impinge upon life and stage themselves much more freely and more autonomously than previously, in order to create space.

**...** We should not direct our gaze exclusively towards the actual changes, but towards the structure which can accommodate those changes through its persistence.

**Herman Hertzberger**

There are advantages and disadvantages in the present consideration of detail. Advantages in that it enlivens a detailing process that is able to add to the thematic idea in a sensitive, small-scale format. Attention to meaning shifts to the intricacies, a complex stratification results, making it possible to understand by achieving density, from the innermost structure outwards. The main theme keeps returning in transformative variations, thus creating unity. The individual elements start to relate to each other, their meaning lies in balance, as processes of change in detail always have effect on the whole.

The disadvantage of this tectonic technique appears as soon as forces that concentrate exclusively on the individual structural tone start to take effect; this usually leads to sensitive disturbances of the overall mechanism. Thus such tectonic work is possible only if it is driven by a passion in detail leading up to the whole. Without this energy reason threatens to drive the elements apart, with destructive force.

Working in tectonic splinters also asks individual questions about the overall question. This means that the substance can withstand a breaking-down process only if it does not derive from a superficially imposed desire for form, if it does not get stuck on the surface. If the degree of connotation can create symbiosis with the degree of abstraction, a symbiosis that carries our sensibilities with it, and not just the trained mind. This requires that the tectonic construction kit should also provide elements that are of a more spectacular nature, risky, not entirely validated by tradition, delicate, unchecked, broadening the boundaries. It can be seen as a variation on freedom that technical progress completely changes the tectonic dimension, that faithfulness to materials by no means determines unambiguous form any longer, and is not a factor that creates a feeling of insecurity. Autonomy does not have to mean being completely uncompromising.

Just as the individual components of a building mentioned at the beginning act towards equal weighting, the building itself is linked with the buildings around it, it becomes a tectonic element of its surroundings, and it cannot be subjugated. Seen in this way, it is not foremost a matter of conformity and integration, but of equality. The tectonic construction kit contains the equipment needed to create this pulsating network.

111

## BÜROGEBÄUDE
### RSB-Rundstahlbau

## OFFICES
### RSB-Rundstahlbau

Ein logisch strukturiertes Konzept war die Ausgangsbasis für dieses Bürogebäude, das ganz auf die ökonomischen Grundsätze der Stahlteile erzeugenden Firma zurechtzuschneidern war. Die wirtschaftlichste Lösung bot ein zweigeschossiger, geradliniger Mittelgangtyp mit systematisch aufgereihten Büros, der bei Raumbedarf im gleichen System erweiterbar ist. Das Erdgeschoß schiebt sich in einem Schwung zur Eingangszone vor und beherbergt dort Windfang und Halle. Zwei einläufige Treppen führen nach oben. Sie sind seitlich in den Gang gestellt, der über fast die ganze Fassadenfront des Obergeschosses belichtet wird, da dort die Büros nur einhüftig angeordnet sind. Das Bemerkenswerte aber an diesem Gebäude ist das erstmalige Auftreten der für Ernst Giselbrecht typischen Fassadenschichtung. So ist zum Beispiel die eigentliche Dachhaut mit Fachwerksträgern vom Baukörper abgesetzt, wobei der entstandene Dachraum mit Glasplatten nach außen hin abgedeckt wurde. An der Südseite steht ein Spalier von dreieckig zusammenlaufenden Stahlprofilen, darin eingebunden der Putzsteg für die Obergeschoßfenster, der zugleich auch als Beschattungselement fungiert. Im Eingangsbereich laufen diese Elemente frei aus, eigentlich über die zu bedachende Struktur hinaus, scheinbar ohne Funktion. Hier wird das Freilaufen von Einzelelementen erprobt und umgesetzt und auch schon das Gitterwerk bereitgestellt für die später in vielfältigster Weise auftretenden, beweglichen Sonnenschutzlamellen. Die Nordfassade ist in profiliertes Stahlblech gehüllt. Die bereits erwähnte durchgehende Fensterfront des Obergeschosses setzt sich mit Leichtigkeit von diesem eher geschlossenen Bereich ab, der in seiner Eingeschossigkeit dem langgestreckten Baukörper eine zusätzliche Gliederung verleiht.

A logically structured concept was the starting point for this office building, which had to be tailored entirely to the economic requirements of the company, which produces small steel parts. The solution was a two-storey, straight type with a central corridor and a systematic series of offices that could be extended using the same system if need be. The ground floor thrusts out in a curve to form the entrance area, containing porch and hall. Two single flights of stairs lead to the upper storey. They are placed laterally in the corridor, which is lit throughout almost all the façade area of the upper storey, as the offices are arranged on one side of the corridor only there. But the remarkable feature of this building is the appearance of the façade layering that is typical of Ernst Giselbrecht. Thus for example the actual skin of the roof is separated from the body of the building by lattice girders, and the roof space this produced was covered with glass sheets on the outside. On the south side is a line of steel profiles running together as triangles, containing the cleaning walkway for the upper floor windows, which also provides some shade. In the entrance area these elements run out freely, actually above the structure for which they are to provide a roof, apparently without a function. Here free-standing individual elements are being tested and implemented, already providing a framework for the movable sunshade slats that appear later in a number of forms. The north façade is covered in profiled corrugated steel. The continuous run of windows in the upper storey that has already been mentioned is clearly separate from this essentially closed area, whose single storey further articulates the long body of the building.

rechts: Geschwungener Eingangsbereich
Stahlkonstruktion mit Putzstegen als vorgesetzte zweite Fassadenebene vor den Büros

right: Curved entrance area
Steel structure with cleaning walkways as a white façade plane in front of the offices

| | |
|---|---|
| Bauherr / Client: | DI Hugo Mathis, Rundstahlbau, A-6972 Fußach |
| Projektteam / Project team: | DI Alois Juschitz, DI Kuno Kelih |
| Statik / Structural analysis: | DI Robert Manahl |
| Planung / Design: | 1988 |
| Bauzeit / Execution: | 01-08/1989 |

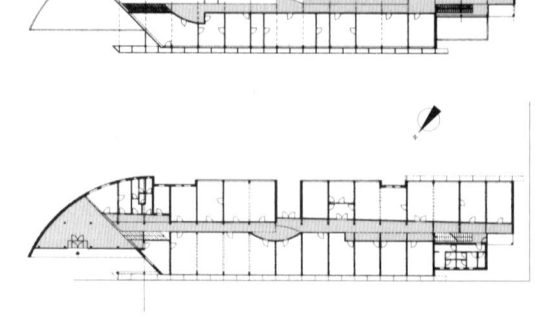

Grundrisse Erdgeschoß und Obergeschoß
Ground floor and upper floor plan

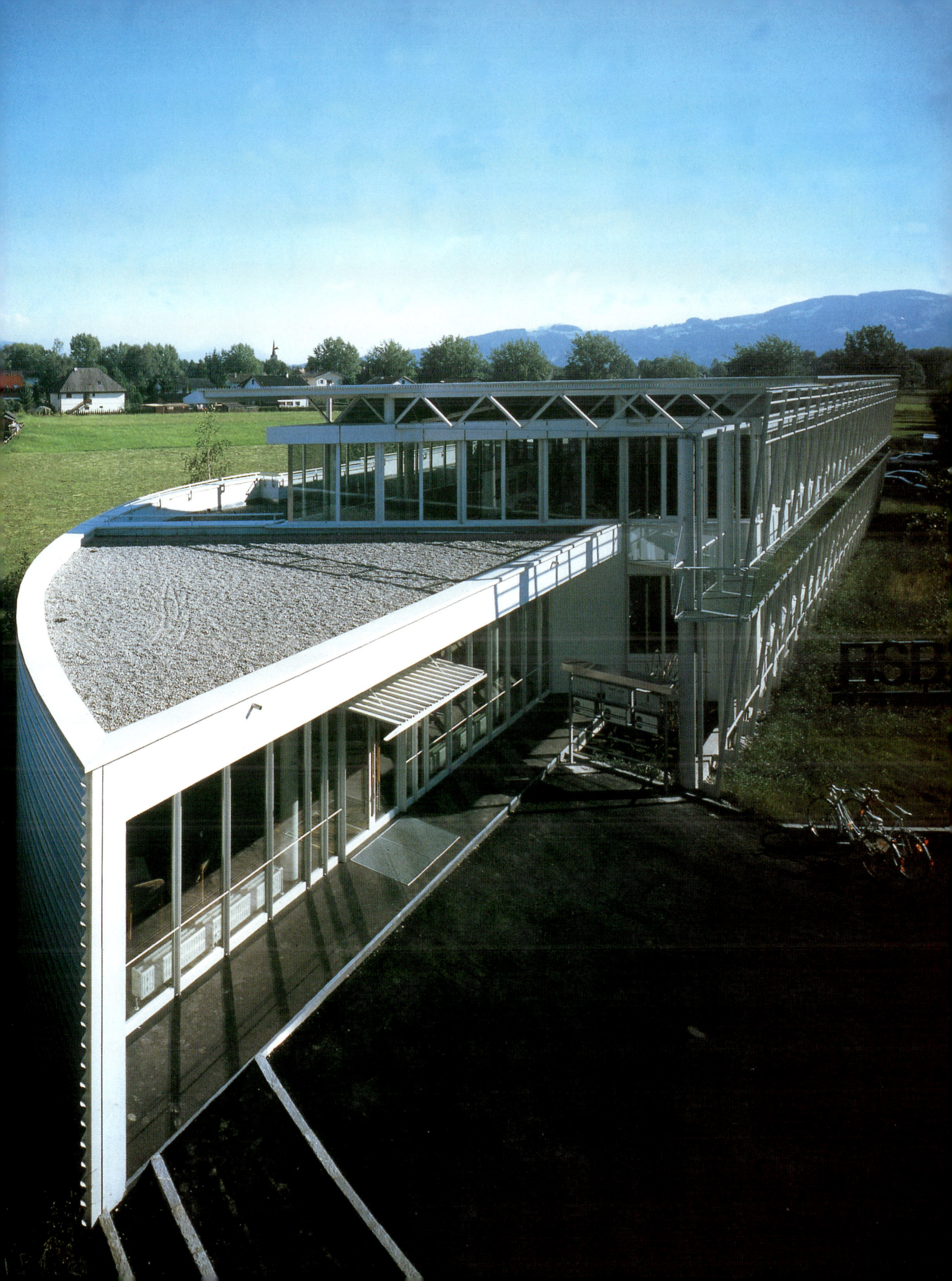

**Der Putzsteg läuft frei über die eigentliche Gebäudekante hinaus.**  The cleaning walkway runs out over the actual edge of the building.

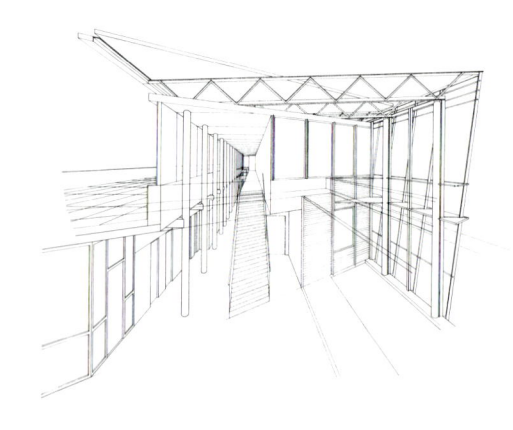

**Perspektive**  Perspektive

**Die eingeschossigen Bereiche der Ostfassade sind mit Wellblech versehen.**  The single-storey areas of the east façade are covered with corrugated sheeting.

**Erschließungsgang im Obergeschoß**  Access corridor in the upper storey

## WOHNHAUS PAPST — PAPST HOUSE

Das Gebäude steht quer zum Hang und nutzt in dieser seiner Längserstreckung die steile Hanglage dazu, immer mehr zum Pfahlbau zu mutieren und sich wie eine Plattform in luftiges Terrain vorzuwagen. Eigentlich bietet die Zugangsseite, die Schmalseite an der Straße, die schönste Aussicht. Dem wird im Obergeschoß mit einer geräumigen Terrasse Rechnung getragen, die sich gegenüber den drei Schlafräumen befindet und direkt vom Stiegenaufgang aus zugänglich ist. Das Dach ist über diesen Freibereich vorgezogen, um ihn witterungsgerecht zu beschirmen, nur zwei Lichtschlitze sind ausgenommen, die den Terrassenplatz auch von oben erhellen. Über einen seitlich am Gebäude vorbeilaufenden Weg gelangt man zum Eingang. Dieser Zugang wird in weiterer Folge zum Steg, der sich dann weiter nach vorne in eine umlaufende Terrasse wandelt. Große Fensterflächen umschließen den gesamten Wohnraum, der neben Küche und kleineren Nebenräumen fast das ganze Erdgeschoß ausfüllt. Dieses Haus ist, wie die meisten Einfamilienhäuser von Ernst Giselbrecht, zweihüftig angelegt, mit einer zweiläufigen Treppe in deutlicher Abzeichnung des Stiegenhauses erschlossen, und mit unprätentiöser, funktioneller Raumkonfiguration versehen. Und doch hebt es sich in seiner tektonischen Auffassung ein bißchen ab. Es gibt ein halbseitiges Sockelgeschoß, das an der Gartenseite in einen Stützenwald ausläuft und ein Schweben vermittelt, in signifikanter Weise auch durch die hohen dreigeschossigen Säulen des Daches unterstützt, die, wiederum als vorgesetzte Schicht, die Aufgabe der zweiten Fassadenhülle übernehmen. Hier sind waagrechte Beschattungselemente angebracht, die der hochgestellten Vertikalität die beruhigende, horizontale Komponente zurückbringen und das Gesamtgefüge in harmonische Spannung setzen.

The building stands diagonally to the slope and in its longitudinal dimension uses the steep slope on the site to mutate more and more into a pile dwelling and to risk thrusting like a platform into airy terrain. Actually the access side, the narrow side on the street, offers the most attractive view. This is taken into account in the upper storey with a spacious terrace placed opposite the three bedrooms and accessible directly from the staircase. The roof extends forward over this open area, to protect it from above, with the exception of two light slits to provide some toplighting. A path down the side of the building leads to the entrance. This access subsequently becomes a walkway, then further on turns into a terrace running round the house. All the living accommodation has a large area of windows, and with the exception of the kitchen and smaller minor rooms occupies the whole of the ground floor. Like most of Ernst Giselbrecht's private houses this building has rooms on both sides, accessed by two flights of stairs in a clearly distinct staircase, and provided with an unpretentious, functional configuration of rooms. And yet its tectonic approach makes it slightly different. There is a base storey under only half the building, which on the garden side turns into a forest of supports and conveys a floating effect, significantly reinforced as well by the high, three-storey columns for the roof; these again are a layer in front of the building and play the role of a second façade envelope. Here horizontal shade elements are fitted that restore a soothing horizontal component to the high-stilted vertical concept and give the structure as a whole a harmonious tension.

| | |
|---|---|
| Bauherr / Client: | Johann + Renate Papst, A-8103 Rein bei Graz |
| Projektteam / Project team: | Johannes Eisenberger, Andreas Moser |
| Statik / Structural analysis: | DI Fazeli |
| Planung / Design: | 1995 |
| Fertigstellung / Completion: | 1997 |

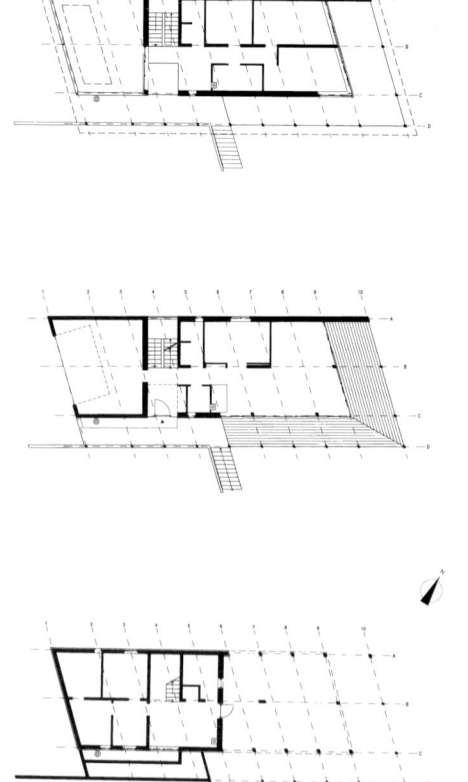

**Grundrisse Sockelgeschoß, Erdgeschoß und Obergeschoß**
Lower floor, ground floor and upper floor plan

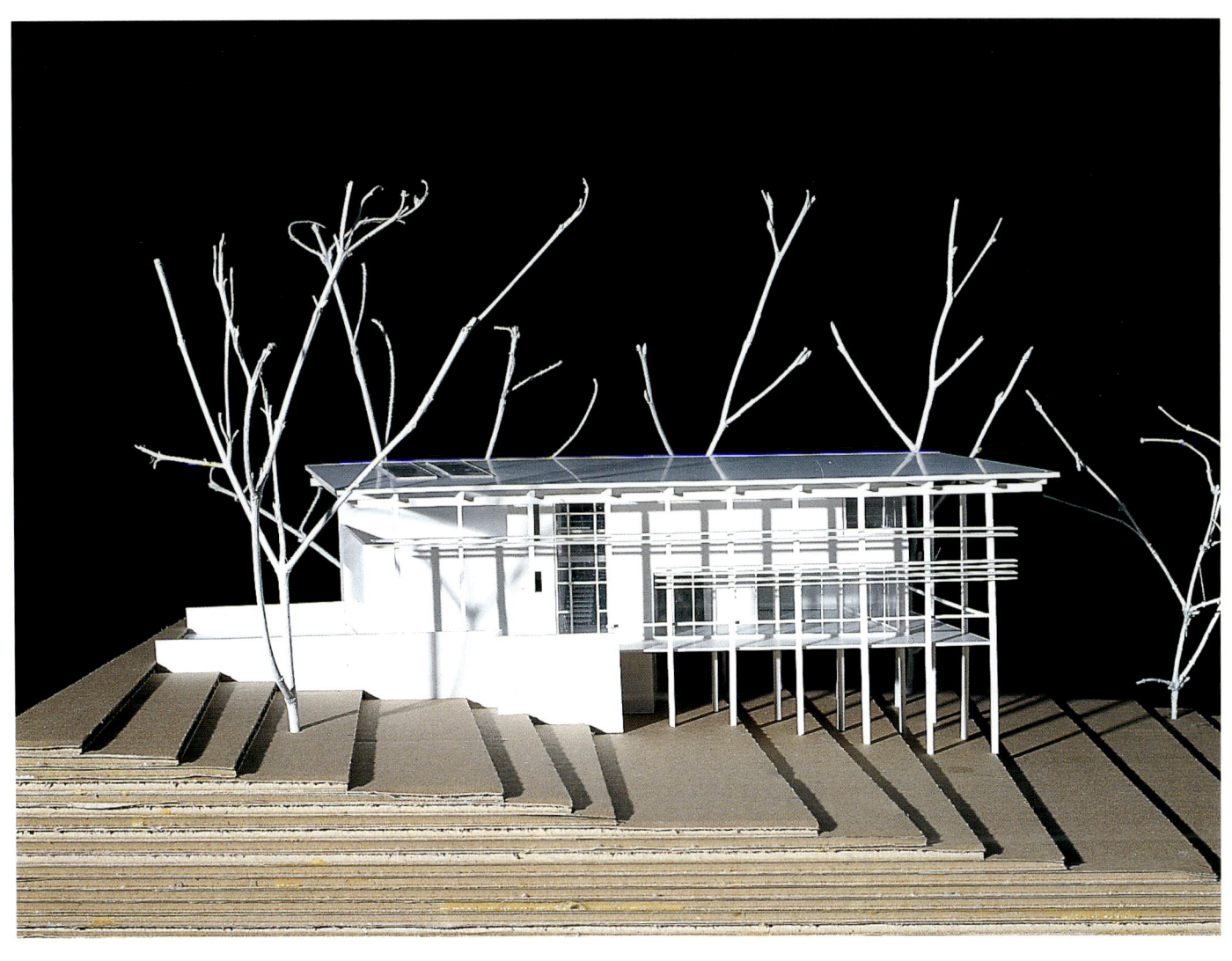

**Südansicht mit halbseitigem Sockelgeschoß und halbseitig freilaufender Stützenstruktur**
South elevation with lower floor taking up half a side and free-standing support columns occupying the other half

**Dachaufsicht**  Roof seen from above

## WOHNHAUS TAUCHER         TAUCHER HOUSE

Das Entwurfsbestimmende dieses Wohnhauses ist der Gedanke, einen Holzbau in städtischer Umgebung zu verwirklichen. Ein Holzbau, der aber ohne die erwartete ländliche Idylle auszukommen sucht, der sich in seiner thematischen Aufbereitung sehr wohl den Anforderungen eines Lebens im Stadtgefüge, also in eher begrenztem Umraum zu stellen weiß. Die Grundstruktur ist ein geradliniger zweigeschossiger Baukörper, an dessen Südwest-Ecke ein abgesenkter Terrassenbereich vorgelagert ist, so daß an dieser Stelle der Baukörper eine dreigeschossige Fassadenfront erhält. Dieser Entwurfsgedanke wurde ausgeführt, um an der Sonnenseite des Hauses einen zum großen Teil uneinsehbaren Freiraum zu ermöglichen. Hier sind große Fenster angeordnet, die dem Baukörper an dieser Seite ein turmartiges Aussehen verleihen, da sie einen nahezu quadratischen Teilbereich über Eck umfassen. Im Obergeschoß, bei den Schlafräumen, ist hier nochmals eine kleine Terrasse vorgesehen. Die restliche Fassade ist im Gegensatz zu diesen großen Öffnungen sehr zurückhaltend und geschlossen gezeichnet. Die Fenster sind nach rein funktionellen Erfordernissen gesetzt. Das Bild prägend ist die mit einer Holzschalung versehene Wandfläche der Gartenseite, in die ein breiter Querbalken, die Brüstung des Obergeschoß-Balkons, ordnend eingreift. Das tektonisch Einprägsame dieses Hauses ist neben der fast minimalistischen Außenstruktur, die sich nur im Eckbereich auflöst, das Dach. Es nimmt wie in vielen Projekten von Ernst Giselbrecht fast losgelöst vom übrigen Baukörper seine Aufgabe in autonomer Weise wahr. Trotz der Holzstruktur wird hier ein Flachdach vorgesehen, das bis über den Freibereich hinausläuft und somit wieder eindeutig als Dach ablesbar bleibt.

The design idea behind this house is to realize a timber building in an urban environment, but a timber building that tries not to come up with the anticipated country idyll, whose thematic approach fits it very well to meet the demands of living in an urban structure, thus in surroundings that are restrictive rather than open. The basic structure is a straight building with two storeys, with a sunken terrace in front of it in the south-west corner, giving the building a three-storey façade in this area. This idea was adopted to give the house an open space on the sunny side that cannot be overlooked. Large windows are placed on the corners here making the building rather tower-like at this point, as they enclose an almost square section on two sides. On the upper floor a small terrace is adjacent to the bedrooms as well. In contrast with these large openings the rest of the façade is very reticent and closed. The windows are placed purely according to the demands of function. The image is shaped by the wall on the garden side, which is covered with wooden boarding, and brought to order by the intervention of a broad horizontal bar, the parapet of the upper storey balcony. The striking tectonic feature of this house, alongside the almost minimalist exterior structure, which is broken up only at the corner, is the roof. As in many of Ernst Giselbrecht's projects, it performs its function autonomously, detached from the rest of the building. Despite the wooden structure this is a flat roof, running out over the open area as well, and thus again unambiguously legible as a roof.

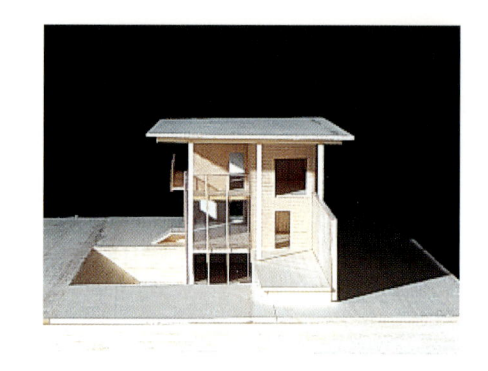

**Grundrisse Untergeschoß, Erdgeschoß und Obergeschoß**
Lower floor, ground floor and upper floor plan

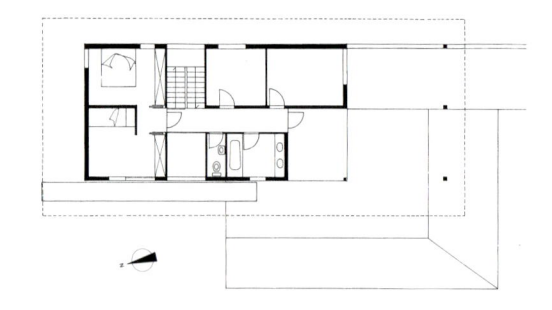

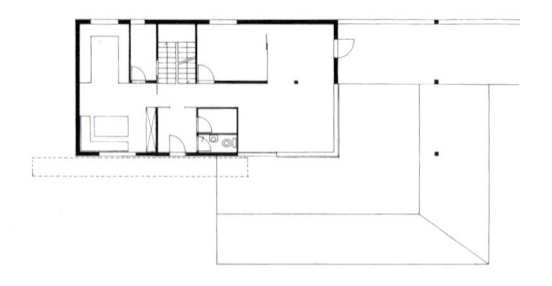

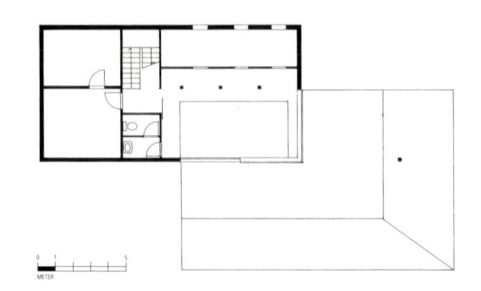

| | |
|---|---|
| Bauherr / Client: | Max + Silvia Taucher, A-8047 Graz |
| Projektteam / Project team: | DI Kuno Kelih, DI Zsolt Gunther |
| Statik / Structural analysis: | DI Knoblauch |
| Planung / Design: | 1993/95 |
| Fertigstellung / Completion: | 12/1996 |

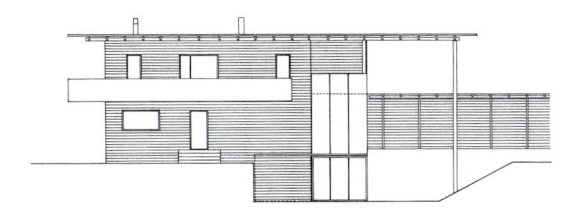

**Ansichten von Westen, Süden und Norden**  West, south and north elevation

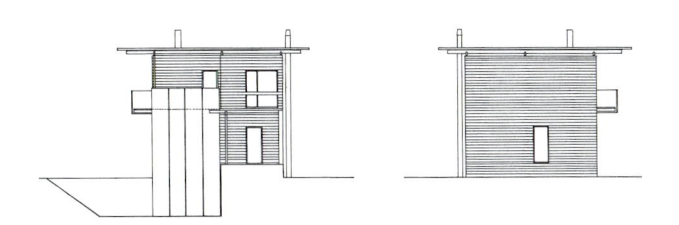

**Abgesenkter Terrassenbereich mit vorgezogener
Dachkonstruktion und Übereckverglasung des Wohnraums**

Sunken terrace area with protruding roof
structure and the glazed corner of the living-room

**Gartenfassade in Holzstruktur mit breitem Steg im Obergeschoß und kleinen Fensteröffnungen**
Timber garden façade with broad walkway on the upper floor and small window apertures

## LKH-GRAZ WEST  DISTRICT HOSPITAL GRAZ WEST

Zwei wesentliche Aspekte bestimmen den modernen Krankenhausbau, erstens die strukturelle Erweiterbarkeit und zweitens die menschengerechte räumliche Ausgestaltung trotz hoher Funktionalität und Technisierung, die dem Patienten und dem Personal in einer psychisch belastenden Situation eine angenehme Atmosphäre bieten soll. Beim Wettbewerb für das LKH-West werden diese Aspekte in einer kammartigen Typologie umgesetzt, die im rechten Winkel übereinandergelagert angeordnet sind, ausgehend von einer Verbindungsachse zum Altbestand. Die Funktionsgeschosse sind entlang der Verbindungsachse längsstrukturiert, wobei in den Untergeschossen neben den OP-Bereichen die Ver- und Entsorgung stattfindet, das Erdgeschoß dann die Aufnahme mit Zufahrt, die mehrgeschossige Eingangshalle, Labor und Therapieräume beherbergt und in den quergestellten Obergeschossen die Bettenstationen untergebracht sind. Aus diesem Konzept ergibt sich einerseits eine Verzahnung der stangenartigen Gebäudestruktur mit der Umgebung und andererseits durch die hofartigen Zwischenbereiche eine Orientierung der Funktionseinheiten zueinander. Gedacht ist, diese Höfe verschieden auszugestalten, um jedem funktionellen Abschnitt den zugehörigen individuellen Außenraum zu bieten, ein Identitätsmerkmal, das in einer atmosphärischen Weise zur Ablesbarkeit und Orientierung beiträgt. Das ist das Grundkonzept einer Mikrostruktur, die in vielfältigster Weise in eine Makrostruktur erweiterbar ist und sich somit für die Adaptierung in späteren Jahren bereithält. In der formalen Gestalt wird auch bei diesem Projekt eine einheitliche Hülle bevorzugt, die sich mit lamellenartigem Sonnenschutz vor den Fenstern, ähnlich wie es beim Medienhaus in Vorarlberg bereits ausgeführt wurde, dem Außenraum zuwendet.

Two essential aspects determine modern hospital building, firstly the possibility of extending the structure and secondly humane, spacious design despite a high degree of functionality and technical sophistication; the building is intended to provide a pleasant atmosphere for patients and staff in a psychologically oppressive situation. In the competition for the Western District Hospital these aspects were implemented by the use of a comb-like typology, layered at right angles above each other, starting with a connecting axis to the old hospital building. The functional floors are structured along the connecting axis, while on the lower floors delivery and disposal facilities are accommodated as well as the operating theatres; the ground floor then accommodates reception and access, the multi-storey entrance hall, laboratories and therapy rooms, with the wards in the transverse upper storeys. This concept produces both the interlinking of the comb-like building with its surroundings, and also the courtyard-like intermediate areas relate the functional units to each other. The intention is to design these courtyards differently, to offer an appropriate individual exterior space for each functional section, a sign of identity that makes an atmospheric contribution to intelligibility and orientation. This is the basic concept for a microstructure that can be extended in the greatest possible variety of ways into a macrostructure, and is thus ready to be adapted in later years. A uniform envelope was also preferred for the formal aspect of this project, which will turn to the outside world with slat-like sunshading in front of the windows, similarly to the Media Building in Vorarlberg.

| | |
|---|---|
| Auslober / Client: | Steiermärkische Krankenanstalten GmbH |
| Projektteam / Project team: | DI Kuno Kelih, Johannes Eisenberger, Gernot Bittlingmaier, Peter Müller, DI Andreas Ganzera, Harald Gölles |
| Wettbewerb / Competition: | 1997 |

**Lageplan** Site plan

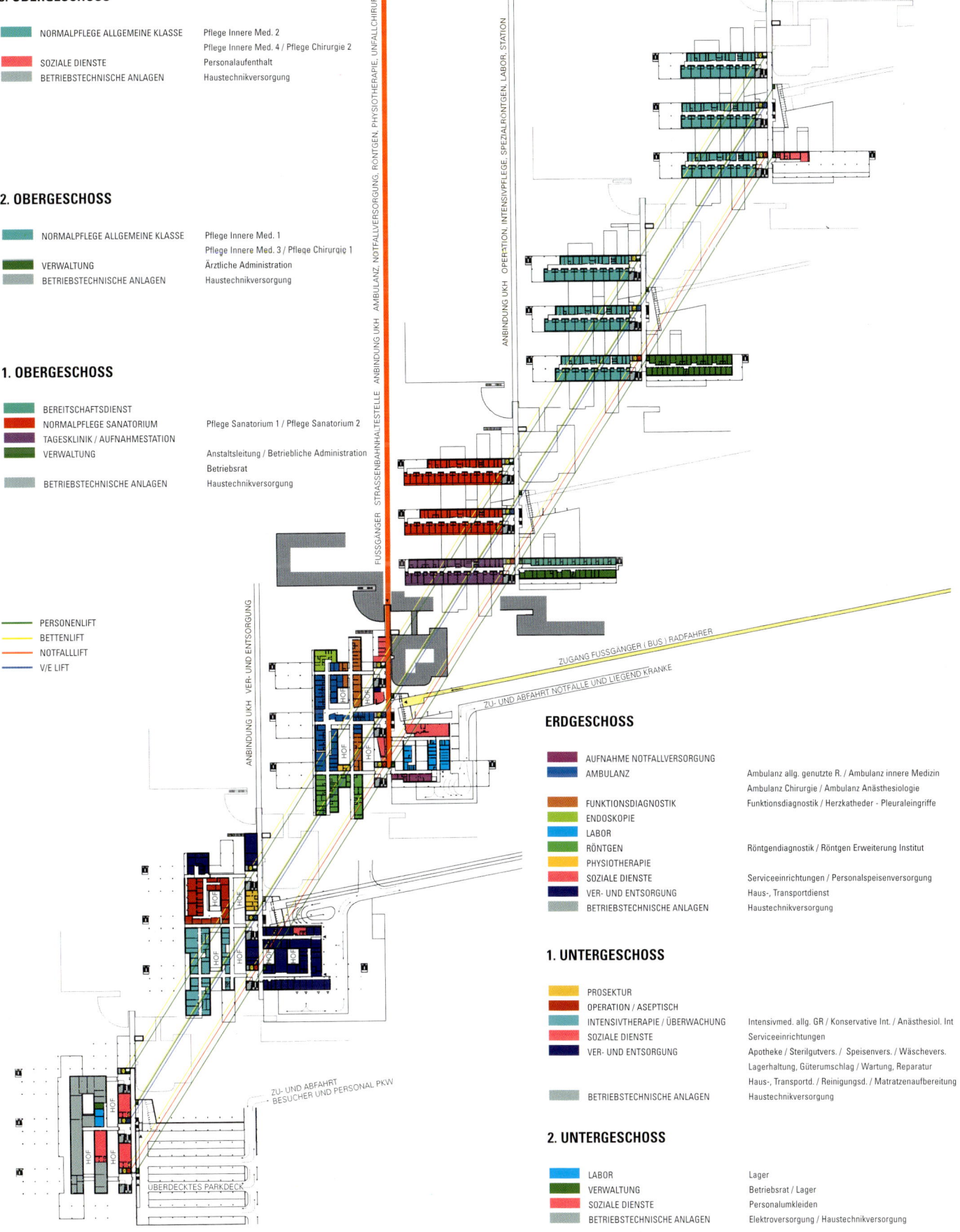

Das Schema zeigt die Funktionsstruktur.   The scheme shows the functional structure.

## 3. OBERGESCHOSS

| | | |
|---|---|---|
| ■ | NORMALPFLEGE ALLGEMEINE KLASSE | Pflege Innere Med. 2 |
| | | Pflege Innere Med. 4 / Pflege Chirurgie 2 |
| ■ | SOZIALE DIENSTE | Personalaufenthalt |
| ■ | BETRIEBSTECHNISCHE ANLAGEN | Haustechnikversorgung |

## 2. OBERGESCHOSS

| | | |
|---|---|---|
| ■ | NORMALPFLEGE ALLGEMEINE KLASSE | Pflege Innere Med. 1 |
| | | Pflege Innere Med. 3 / Pflege Chirurgie 1 |
| ■ | VERWALTUNG | Ärztliche Administration |
| ■ | BETRIEBSTECHNISCHE ANLAGEN | Haustechnikversorgung |

## 1. OBERGESCHOSS

| | | |
|---|---|---|
| ■ | BEREITSCHAFTSDIENST | |
| ■ | NORMALPFLEGE SANATORIUM | Pflege Sanatorium 1 / Pflege Sanatorium 2 |
| ■ | TAGESKLINIK / AUFNAHMESTATION | |
| ■ | VERWALTUNG | Anstaltsleitung / Betriebliche Administration |
| | | Betriebsrat |
| ■ | BETRIEBSTECHNISCHE ANLAGEN | Haustechnikversorgung |

— PERSONENLIFT
— BETTENLIFT
— NOTFALLIFT
— V/E LIFT

## ERDGESCHOSS

| | | |
|---|---|---|
| ■ | AUFNAHME NOTFALLVERSORGUNG | |
| ■ | AMBULANZ | Ambulanz allg. genutzte R. / Ambulanz innere Medizin |
| | | Ambulanz Chirurgie / Ambulanz Anästhesiologie |
| ■ | FUNKTIONSDIAGNOSTIK | Funktionsdiagnostik / Herzkatheder - Pleuraleingriffe |
| ■ | ENDOSKOPIE | |
| ■ | LABOR | |
| ■ | RÖNTGEN | Röntgendiagnostik / Röntgen Erweiterung Institut |
| ■ | PHYSIOTHERAPIE | |
| ■ | SOZIALE DIENSTE | Serviceeinrichtungen / Personalspeisenversorgung |
| ■ | VER- UND ENTSORGUNG | Haus-, Transportdienst |
| ■ | BETRIEBSTECHNISCHE ANLAGEN | Haustechnikversorgung |

## 1. UNTERGESCHOSS

| | | |
|---|---|---|
| ■ | PROSEKTUR | |
| ■ | OPERATION / ASEPTISCH | |
| ■ | INTENSIVTHERAPIE / ÜBERWACHUNG | Intensivmed. allg. GR / Konservative Int. / Anästhesiol. Int |
| ■ | SOZIALE DIENSTE | Serviceeinrichtungen |
| ■ | VER- UND ENTSORGUNG | Apotheke / Sterilgutvers. / Speisenvers. / Wäschevers. |
| | | Lagerhaltung, Güterumschlag / Wartung, Reparatur |
| | | Haus-, Transportd. / Reinigungsd. / Matratzenaufbereitung |
| ■ | BETRIEBSTECHNISCHE ANLAGEN | Haustechnikversorgung |

## 2. UNTERGESCHOSS

| | | |
|---|---|---|
| ■ | LABOR | Lager |
| ■ | VERWALTUNG | Betriebsrat / Lager |
| ■ | SOZIALE DIENSTE | Personalumkleiden |
| ■ | BETRIEBSTECHNISCHE ANLAGEN | Elektroversorgung / Haustechnikversorgung |

121

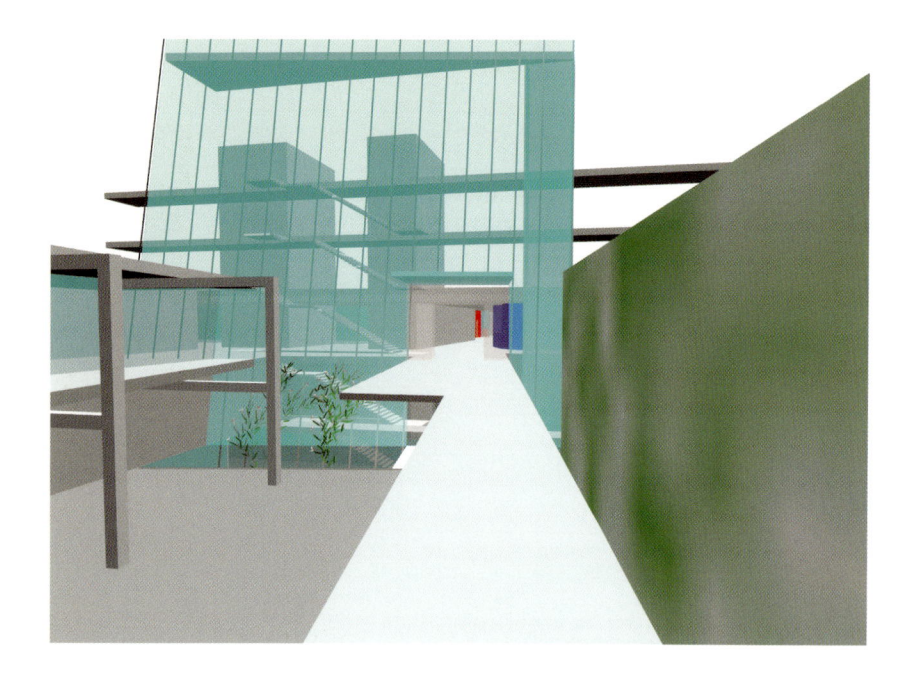

**Eingangszone mit mehrgeschossiger Verteilerhalle**
Entrance zone with multi-storey distribution hall

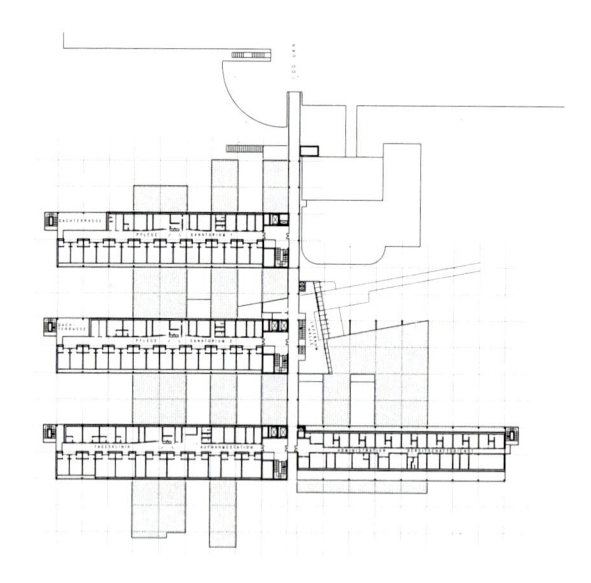

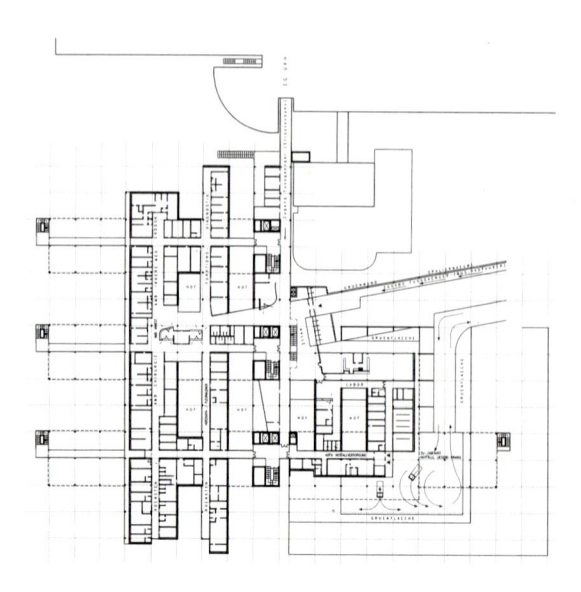

**Grundrisse Erdgeschoß und 1. Obergeschoß**
Ground floor and first floor plan

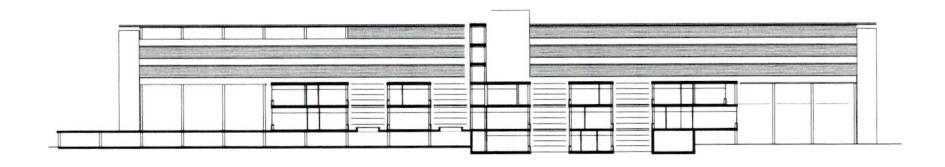

**Querschnitt**  Cross section

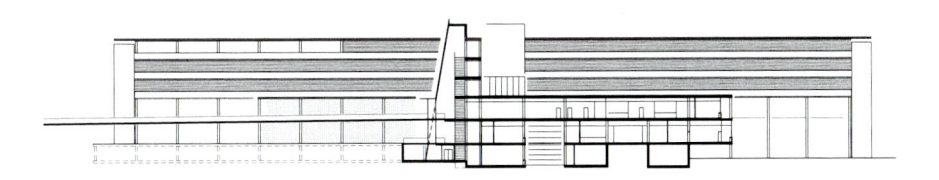

**Querschnitt Halle**  Cross section showing hall

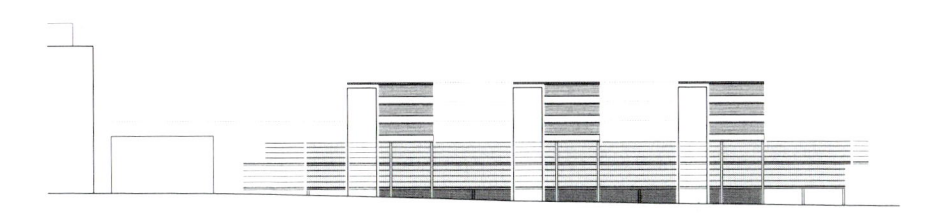

**Ansicht von Südwesten**  South-west elevation

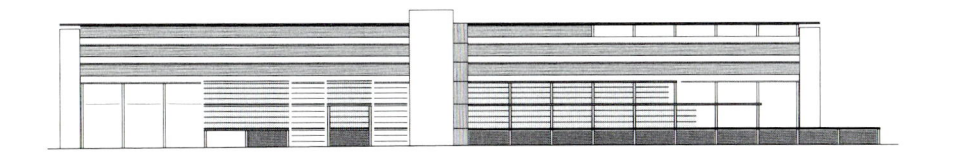

**Ansicht von Südosten**  South-east elevation

123

# ERNST GISELBRECHT

**BIOGRAPHIE**

| | |
|---|---|
| 1951 | geboren in Dornbirn, Vorarlberg |
| 1972-79 | Studium an der TU Graz |
| 1985 | eigenes Büro Graz/Bregenz |
| 1978 | Preisträger beim Internationalen UIA Wettbewerb in Mexico City |
| 1978 | Karl-Scheffel-Gedächtnispreis |
| 1982 | Einladung zur Biennale de Paris: „La Modernité ou l'Esprit du Temps" |
| 1983 | Staatsstipendium für Bildende Kunst |
| 1984 | Ausstellung „Architektur-Investitionen Grazer Schule" |
| 1987 | Ausstellung „Architektur aus Graz" |
| 1988 | Wettbewerb 1.Preis „Abbundhalle Murau" |
| | Wettbewerb 1.Preis „Gestaltung der Landesausstellung 1989" |
| | Wettbewerb 1.Preis „HTBLA-Kaindorf" |
| 1989 | Wettbewerb 1.Preis „Multifunktionales Zentrum" Köflach |
| | Wettbewerb 1.Preis „Schulzubau + Turnhalle St.Peter ob Judenburg" |
| | Piranesi Award, Piran |
| 1990 | Wettbewerb 1.Preis „Neubau Volksschule Straß" |
| | Wettbewerb 1.Preis „Haus der Kärntner Ärzte" |
| 1992 | Staatspreis für Gewerbliche und Industrielle Bauten in Silber für das Bürohaus RSB |
| 1994 | Österreichischer Bautenpreis „Metall in der Architektur" für die HTBLA-Kaindorf |
| | Wettbewerb 1.Preis „HNO-Klinik, LKH 2000" |
| 1995 | Wettbewerb 1.Preis „NOHAU Bürogebäude" |
| | Österreichischer Preis der Beton und Zementindustrie für die HTBLA-Kaindorf |
| | Staatspreis für Industriebau, Sonderpreis für Ausbildungsstätten für die HTBLA-Kaindorf |
| | Staatspreis für Industriebau, Sonderpreis für Ausbildungsstätten für die Abbundhalle Murau |
| 1997 | Ausstellung „Architetture di Confine", Triennale Mailand |
| | Gutachterverfahren 1.Preis Megamarkt Baumax, Graz |
| | Gutachterverfahren 1.Preis Schloß Seggau |

**BIOGRAPHY**

| | |
|---|---|
| 1951 | born in Dornbirn, Vorarlberg |
| 1972-79 | studied architecture at Graz Technical University |
| 1985 | Architectural practice in Graz and Bregenz |
| 1978 | Award winner of the International UIA Competition in Mexico City |
| 1978 | Karl Scheffel Memorial Award |
| 1982 | Invitation to Paris Biennial „La Modernité ou l'Esprit du Temps" |
| 1983 | State Scholarship for Fine Arts |
| 1984 | Exhibition „Architektur-Investionen Grazer Schule" |
| 1987 | Exhibition „Architektur aus Graz" |
| 1988 | First prize competition Trimming Hall Murau |
| | First prize competition design of the Regional Exhibition 1989 |
| | First prize competition Higher Technical Federal School Kaindorf |
| 1989 | First prize competition Multifunctional Centre Köflach |
| | First prize competition School Extension and Gymnasium St. Peter/Judenburg |
| | Piranesi Award, Piran |
| 1990 | First prize competition Straß Primary School |
| | First prize competition Kärnten Health Centre |
| 1992 | State Prize for Commercial and Industrial Architecture Silver for the RSB-Rundstahlbau Offices |
| 1994 | Austrian Building Award „Metall in der Architektur" for the Higher Technical Federal School Kaindorf |
| | First prize competition ENT Clinic |
| 1995 | First prize competition NOHAU Offices |
| | Austrian Award of the Concrete and Cement Industries for the Higher Technical Federal School Kaindorf |
| | State Prize for Commercial and Industrial Architecture, Special Prize for Teaching Institutions for the Higher Technical Federal School Kaindorf |
| | State Prize for Commercial and Industrial Architecture, Special Prize for Teaching Institutions for the Trimming Hall Murau |
| 1997 | Exhibition „Architetture di Confine", Milan Triennial |
| | First prize appraisal Mega-Baumax Graz |
| | First prize appraisal Schloß Seggau |

**REALISIERUNGEN**

Institut für Gesteinshüttenkunde und Feuerfeste Baustoffe, Montanuniversität Leoben
Umbau Schlüsselgeschäft Guldenbrein, Graz
Wohnhaus Dr. Sperl, Zerlach
Dachwohnung E. Ruß, Bregenz
Umbau Haus Brandstätter, Frohnleiten
Wohnhaus A.+G. Giselbrecht, Lochau
Gestaltung Landesausstellung „Menschen, Münzen, Märkte", Judenburg
Bürogebäude RSB, Fußach
Volksschule St. Peter ob Judenburg
Abbundhalle Murau
Volksschule Straß
Wohnhaus Ruß, Lochau
Haus der Kärntner Ärzte, Klagenfurt
Wohnbau ESG, Graz
HTBLA-Kaindorf, Höhere Technische Bundeslehranstalt für Maschinenbau Automationstechnik und EDV
Gestaltung Landesausstellung „Holzzeit", Murau
Medienhaus der Vorarlberger Nachrichten, Schwarzach
Haus Taucher, Graz
Haus Huber, Bregenz
Haus Hermann, Graz
Haus Papst, Rein bei Graz

**BUILT WORKS**

Institute for Mineralogy and Fireproof Building Materials, Montanuniversität Leoben
Conversion Key Shop Guldenbrein, Graz
Dr. Sperl House, Zerlach
E. Ruß Attic Apartment, Bregenz
Conversion Brandstätter House, Frohnleiten
A. + G. Giselbrecht House, Lochau
Design Regional Exhibition „Menschen, Münzen, Märkte", Judenburg
RSB Offices, Fußach
Primary School St. Peter ob Judenburg
Trimming Hall Murau
Primary School Straß
Ruß House, Lochau
Kärnten Health Centre, Klagenfurt
ESG Residential Building, Graz
Higher Technical Federal School, Kaindorf
Design Regional Exhibition „Holzzeit", Murau
Media Building for the Vorarlberger Nachrichten, Schwarzach
Taucher House, Graz
Huber House, Bregenz
Hermann House, Graz
Papst House, Rein near Graz

**EINZELAUSSTELLUNGEN** EXHIBITIONS

| | |
|---|---|
| 1990 | „Architekturinterventionen – Ernst Giselbrecht", RSB-Galerie, Fußach, Vorarlberg |
| 1991 | Künstlerhaus Klagenfurt |
| | Hochschule der Künste Berlin |
| | Galerie Dessa, Ljubljana |
| 1992 | Fachhochschule Trier |
| 1993 | „FEDORA Graz Update", Stadtmuseum Graz |
| 1994 | Haus der Architektur, Klagenfurt |
| | Technisches Nationalmuseum, Prag |
| 1997 | Matthew Gallery, Art Festival Edinburgh |

**MITARBEITER IN DEN JAHREN 1985 BIS 1997**  COLLABORATORS FROM 1985-1997

| | |
|---|---|
| Baumschlager Martin | Kohlfürst Astrid |
| Beer Stefan | Koppelhuber Gunther |
| Binder Ernst Christian | Kriz Anita |
| Bittlingmaier Gernot | Leitner Andreas |
| Deimel Christian | Maurer Heinz |
| Dreier Bettina | Moser Andreas |
| Eder Peter | Müller Margarethe |
| Egger Christa | Müller Peter |
| Eisenberger Johannes | Petit Mark |
| Ellersberger Walter | Pichler Wolfgang |
| Ellmaier Wolfgang | Ogris Gerfried |
| Faber Klaus | Oitzinger Anton |
| Falle Kurt | Rainer Ernst |
| Ganzera Andreas | Rajakovic Paul |
| Giselbrecht Christella | Rießner Randolf |
| Gunther Zsolt | Schubert Marion |
| Heyes Jeremy | Seeling Alf |
| Huber Udo | Semlitsch Walter |
| Juschitz Alois | Springer Gerhard |
| Keler Georg | Wicher Marion |
| Kelih Kuno | Zolotas Tino |
| Kircher Werner | u.a. |

**FOTONACHWEIS**  CREDITS

Peter Eder: 34, 37, 38, 39, 40, 41, 53 (re.o.), 79, 97, 101, 102 (u.), 103, 106 (u.), 119

Paul Ott: Titelfoto, 28 (m.), 29 (m.), 30, 31, 32, 33, 47, 51, 52, 53, 54, 55, 69, 70, 71, 76, 80 (u.), 81 (u.)

Thomas Filler: 24, 26, 28 (o.), 29 (o.)

Gerald Zugmann: 35

Andreas Moser: 68

Fotoarchiv Giselbrecht: 23, 44, 45, 57, 58, 59, 60, 61, 62, 63, 65, 66, 77, 80 (o.), 81 (o.), 83, 96, 98, 99, 100, 102 (o.), 105, 106 (o.), 107, 109, 113, 114, 115, 117, 118

# ERNST GISELBRECHT

**ARCHITEKTUREN - ARCHITECTURES**

**Übersetzung ins Deutsche** / Translation into German    Nora von Mühlendahl
**Übersetzung ins Englische** / Translation into English    Michael Robinson

**Umschlag- und Layoutgestaltung** / Cover and layout design    Werner Schrempf / Diana Brus, die ORGANISATION, Graz

**Druck** / Printing    Cantz'sche Druckerei, Ostfildern

**Lithographie** / Lithographs    Reproteam, Graz


A CIP catalogue record for this book is available from the Library of Congress, Washington, D.C., U.S.A.

Die Deutsche Bibliothek - CIP-Einheitsaufnahme

**Giselbrecht, Ernst:**
Ernst Giselbrecht : Architekturen / Patricia Zacek. Mit einer Einf. von Peter Blundell Jones.
[Übers. ins Dt.: Nora von Mühlendahl. Übers. ins Engl.: Michael Robinson]. - Basel ; Berlin ; Boston : Birkhäuser, 1997
ISBN 3-7643-5750-9 (Basel ...)
ISBN 0-8176-5750-9 (Boston)

This work is subject to copyright. All rights are reserved, whether the whole or part of the material is concerned, specifically the rights
of translation, reprinting, reuse of illustrations, recitation, broadcasting, reproduction on microfilms or in other ways, and storage in data banks.
For any kind of use permission of the copyright owner must be obtained.

© 1997 Birkhäuser - Verlag für Architektur, P.O. Box 133, CH-4010 Basel, Switzerland

Printed on acid-free paper
produced from chlorine-free pulp, TCF ∞
Printed in Germany

ISBN 3-7643-5750-9
ISBN 0-8176-5750-9

**Dieses Buch entstand mit freundlicher Unterstützung der:**
This book was supported by:

**Vorarlberger Landesregierung**

INTERUNFALL
Versicherung Aktiengesellschaft

ALU**KÖNIG**STAHL

ZUMTOBEL **STAFF**
DAS LICHT